金融期货与期权丛书

套利危机
与金融新秩序

利差交易崛起

THE RISE
OF CARRY

The Dangerous Consequences of
Volatility Suppression and the
New Financial Order of
Decaying Growth and Recurring Crisis

[美] 蒂姆·李 杰米·李 凯文·科迪伦 著 王玮 译
Tim Lee Jamie Lee Kevin Coldiron

图书在版编目（CIP）数据

套利危机与金融新秩序：利差交易崛起 /（美）蒂姆·李（Tim Lee），（美）杰米·李（Jamie Lee），（美）凯文·科迪伦（Kevin Coldiron）著；王玮译 .-- 北京：机械工业出版社，2021.9（2024.1 重印）

（金融期货与期权丛书）

书名原文：The Rise of Carry: The Dangerous Consequences of Volatility Suppression and the New Financial Order of Decaying Growth and Recurring Crisis

ISBN 978-7-111-69027-6

I. ①套… II. ①蒂… ②杰… ③凯… ④王… III. ①金融期货－研究 IV. ① F830.9

中国版本图书馆 CIP 数据核字（2021）第 181837 号

北京市版权局著作权合同登记 图字：01-2021-3902 号。

套利危机与金融新秩序：利差交易崛起

出版发行：机械工业出版社（北京市西城区百万庄大街 22 号 邮政编码：100037）

责任编辑：杨熙越 殷嘉男　　责任校对：殷 虹

印 刷：北京虎彩文化传播有限公司　　版 次：2024 年 1 月第 1 版第 3 次印刷

开 本：170mm×230mm 1/16　　印 张：16.25

书 号：ISBN 978-7-111-69027-6　　定 价：89.00 元

客服电话：（010）88361066 68326294

The Rise of Carry

赞 誉

本书是一本重要且不同寻常的书。对于在美联储蒙受道德风险的时候美国经济发生了什么，以及又是什么让当前时期不同于任何典型的泡沫时期，作者给出了独特的理解。作者提出的问题不仅对投资者至关重要，而且对整个社会也至关重要。

杰里米·格兰瑟姆，全球资产管理公司 GMO 的联合创始人

作者对现代金融中普遍存在的利差交易进行了有趣的分析。在形式上，这是货币需求“投机”成分的延伸。监管机构和投资者更感兴趣的是，所有的利差交易都以市场混乱告终。

休·斯隆，斯隆·罗宾逊对冲基金的联合创始人

利差交易无法保持长期有效，但它们却是当前国际金融领域所呈现出的一个显著特征，本书对这个悖论以及其他奥秘进行了解释。应该说，三位作者出版了一本发人深省、引人入胜的读物，对一个重要却被忽视的主题进行了必要的诠释。

史蒂夫·H.汉克教授，约翰斯·霍普金斯大学应用经济学教授

本书对凯恩斯主义和货币主义分析金融和经济周期的传统方法构成了根本挑战。基于清晰的论证和详细的统计数据，作者们指出：利差交易泡沫必然会制造流动性并推高资产价格，并最终导致利差交易崩盘，而各国央行随后将其损失社会化。这两者相结合，就需要对商业周期采取完全不同的分析方法。利差交易几乎风靡所有市场，这导致了全球货币体系的演变。除非能够引入一种对利差交易不那么友好的新货币制度，否则现行体系将始终处于通缩和高通胀的轮番威胁之下。对于央行行长、投资者、学者和政治家来说，这是一本必读书。

约翰·格林伍德，首席经济学家，景顺资产管理公司

长期以来，利差交易一直是外汇交易员们赚取蝇头小利的压路机。本书的三位作者描述了这种交易是如何扩展到世界的各个角落，并对财富不平等和金融稳定造成显著影响的。

罗纳德·卡恩，董事总经理，贝莱德全球量化投资研究负责人

你想深入了解当今的金融黑客帝国吗？你想知道为什么我们已经

偏离了资本主义的根本，并将面临不可避免的宿命吗？本书为了解当今体系提供了“红色药丸”，相关怪诞现实会通过民粹主义力量而为世人所知。本书并不容易理解，但揭露的真相令人难以置信。

亨利·马克西，鲁费尔资产管理公司首席投资官

利差交易类似在压路机前捡硬币。不希望被压扁的投资者应该读读这本书。

爱德华·钱塞勒，《资本的游戏：金融投机史》作者

The Rise of Carry

前　言

大约五年前我们开始撰写本书。最初撰写本书的目的是，我们认为自全球金融危机以来，央行非常规货币政策如何被认为起到了支持经济的作用，标准解释不足，某种程度上这有些令人沮丧。我们意识到，问题的关键在于要抑制央行和政府干预所导致的金融市场波动。自动笔以来，这个问题在最近几年的时间里日益明显，但利差交易在市场中日益占据主导地位的整体影响仍有待人们深入理解。

从纯粹金融学的角度来看，本书包含了若干洞见。其中最重要的是卖出波动率和杠杆之间的关系，以及这两者的共同作用最终如何使市场陷入混乱；在全面通货紧缩趋势的背景下，经济周期会成为风险资产泡沫和崩溃的函数；加之美国市场，尤其是标准普尔（以下简称标普）500 指数在全球金融市场架构中处于中心地位，上述几个因素结合在一起会让标普500指数本身成为利差交易工具。

除此之外，我们还意识到并试图在书中传递如下观点：从最基本的层面上看，利差交易或卖出波动率交易是组成整个社会权力结构的一个方面，而央行应被视为这种权力架构的行为主体。传统理论并不能准确描述经济和金融市场的决定力量，相应地它也无法解释下一次金融和经济危机及其后果。

在本书中我们详细分析了利差交易或卖出波动率交易的运行机制。这么做的最终目的在于解释这类交易如何适应系统并造成更大的影响：经济增长的衰退、反复出现的危机、日益加剧的不平等以及社会结构的破坏。虽然有些财经方面的内容对非专业读者来说理解起来可能有些困难，不过比起教科书对衍生品或外汇市场等相关内容的表达方式，上述内容已经相当简化。本书既不打算替代这些教科书，也不想成为某种形式的期权或外汇交易使用手册。总之，理解本书的基本结论并不需要过多技术方面的基础知识。

我们非常感谢诺亚·施瓦茨贝里（Noah Schwartzberg）和麦格劳－希尔教育（McGraw-Hill Education）出版团队对这个项目给予的帮助、支持、热忱和信赖。我们也从各位专家对手稿的建议和评论中受益匪浅，并根据这些意见改进了已完成的工作。这里我们还要特别感谢伊凡·努明斯基（Ivan Nurminsky）、卡洛琳·李（Caroline Lee）和沈宰尚（Jae Sang Shim）。我们也对史蒂夫·汉克教授、约翰·格林伍德、爱德华·钱塞勒、约翰·奥瑟斯、亨利·马克西、休·斯隆、杰里米·格兰瑟姆和罗恩·卡恩心存感激，承蒙他们盛情应允阅读手稿并给出评论或支持。最后特别感谢希尔达·李（Hilda Lee）和乔迪·布雷特凯利（Jody Brettkelly）的耐心和鼓励。

蒂姆·李

杰米·李

凯文·科迪伦

The Rise
of Carry

目　录

The Rise
of Carry

| 第 1 章 |

绪论：利差交易的本质

为什么股市在过去的25年里经历了暴涨、暴跌？为什么在2007 ~ 2009年全球金融危机之后的几年里，美国股市在经济表现一般的情况下仍然上涨了3倍？为什么上市公司不断回购自己的股票，而不继续投资实业？为什么专业投资者和交易员对央行行长们的每一句话都如数家珍？为什么即使新技术允许我们在任何地方工作和生活，但人们似乎仍然想生活在伦敦和纽约这样拥挤的国际大都市？

显然，想要尝试彻底回答这些问题，需要写一本篇幅更长的书。回答这些问题，仅从狭隘的金融市场视角出发是不够的。现在的金融市场表现得并不像人们所想象的那样，是经济或利率的某种函数，或是政治发展的某种结果，其实它只是利差交易危局或抑制金融动荡的一种表现。利差交易危局可以理解为一种更广泛的现象，它涉及人类事务的各个方面，但其在金融市场上的表现就足以对世界产生深远影响。

“利差”和“利差交易”指的是什么

只要“没有出现发生”，利差交易就能赚钱。换言之，利差交易是能产生经常性收入或会计利润的金融交易，但当特定事件发生或基础资产价值发生重大变化时，利差交易者需要承担突如其来的损失。“利差”（carry）是指交易者在整个交易周期内获得的收入或会计利润[㊀]。从这个意义上讲，利差交易与保险销售很相似：保险销售能产生稳定的保费收入，但承保人偶尔会遭受巨额的亏损。典型的金融利差交易往往发生在外汇市场，交易员借入一种低利率货币，然后投资于另一种高利率货币。如果“没有出现意外”，即汇率没有发生不利变动，或变化幅度小于利差，此时就能获利。但是，如果汇率或资产价格突然发生不利变动，利差交易会产生突如其来的巨额亏损。

本书主要致力于分析利差交易，尤其是在货币和股票市场上的利差交易，并得出一个结论：美国市场具有流动性更好、种类更多的金融工具，同时美元具有全球储备货币的属性，这使得美国市场（尤其是标普 500 指数）成为全球利差交易的中心。本书还将揭示利差交易是如何主导全球商业周期的，它创造出了一种长期、稳定，但不引人

㊀ carry trade 在本书中译作“利差交易”，国内也常用“套息交易”。利差交易广义上讲是指利用各国货币或资产的利息差异来获利的一种经济行为，狭义上则限于外汇汇率和不同货币利差问题。——译者注

注目的扩张模式，其间伴随着灾难性的危机。利差交易增长，即“利差交易体系”的发展，对收入和财富分配已经产生了重大影响。笔者认为，目前其相关过程和机制仍没有得到正确的认识，即使是那些关注权力与财富和收入分配之间联系的经济学家也未能正确理解。

利差交易的特征

利差交易之所以重要，是因为它们已经远远超出了原本属于货币（和大宗商品）的范畴，并扩展到了金融市场的每一个角落。利差交易承担着特殊的风险，而这些风险正作为核心驱动力影响着全球的金融环境。由于各国央行要应对金融环境的变化，全球货币政策会日益受到利差效应的驱动，在后面的章节中我们也将证明，这将形成一个正反馈过程，并促使利差交易进一步增长。本书将在最后解释这个过程是如何改变资本市场和财富分配的。要理解这个过程，我们有必要先简要介绍一下利差交易的特征。

在本书中，所有利差交易都具备如下重要特征：杠杆、流动性供给、卖出波动率风险，以及“锯齿状”的盈亏模式（小而稳定的收益，伴随偶尔出现的巨额亏损）。这些特征非常重要，因为伴随着利差交易规模的扩大，这些特征塑造了金融市场本身。

根据定义，利差交易总是涉及杠杆。这意味着，利差交易者要么通过直接融资，要么利用某些有风险的合约，使得潜在的损失金额大于交易初期投入的资本。正因如此，利差交易者及其资金提供者对损失特别敏感。为了避免产生无法估量的损失，利差交易者通常需要在价格发生不利变动时强制止损，这就意味着在资产价格下跌时卖出（或在资产价格上涨时买入）。因此，在对利差交易进行动态风险管理的过程中会出现“抛售”的现象，这会大幅放大价格最初的波动。

扩大利差交易会增强市场流动性，减少或终止利差交易会降低流动性。“流动性”只是一个模糊的概念，它通常有两种解释。一种是从交易的角度来看的，所指的是交易的便利性。流动性好的资产可以快速、低成本地进行大规模的交易。当某类资产的利差交易开始流行时，这类资产的流动性会变好，至少看起来如此。另一种解释是从数量的角度来看的，流动性指的是一个经济体中货币或类货币工具的数量。基于这种观点，流动性与经济中获得信贷的难易程度以及货币的可获得性有关，二者是经济周期中经济增长的基本动力。利差的扩大意味着货币和信贷条件的放松，这必然会刺激经济，因此会暂时改善经济表现。反之，利差交易崩盘期间，资产可售性、货币和信贷状况以及整体经济都会急剧恶化。

利差交易是一种“卖出波动率”的交易。这就意味着它们将在金融资产价格波动降低时获利。更具体地说，只要标的资产、货币或大宗商品价格的波动低于预期，利差交易就将会获得高于无风险利率的回报。实际上，市场上的确存在一系列利用金融衍生品来获利的复杂利差交易，这些利润就是源自基础资产价格的低波动率。

利差交易的形式多样，从经典的货币利差交易、出售保险或信用违约互换、用保证金购买高收益股票或垃圾债券、以租养贷为房地产投资融资，到卖出个股或股指看跌期权或购买此类交易所交易基金

（ETF），都是利差交易，不一而足。此外，利差交易还包括公司发行债券回购自己的股权或私人股本杠杆收购等交易，以及一整套更复杂的金融工程和策略。在所有的操作手法中，利差交易者都或明或暗地押注于基础资产的价格损失不会超过他们的收入回报；利差交易者赌的就是，基础资产价格波动率会很小或会下降。

利差交易最后一个特征就是锯齿状的回报模式。它通常以一种相当平稳的方式积累利润，但这个过程有时也会被短期的大幅回撤打断，进而出现调整或崩盘。可以说，这种回报模式并不是只存在于利差交易中的，而是由利差交易的其他特征综合而来。虽然事实如此，但本书将表明这种回报模式本身非常重要，因为它会吸引由短期业绩决定薪酬的交易员，促使他们将资金转移到利差交易中来。通常情况下，这些利差交易员的资产负债情况不足以平稳度过可能出现的危机，这是全球市场上一个重要的不稳定因素。

央行在利差交易中扮演的角色

不同形式的金融利差交易一直是现代金融体系的核心。银行就是这样开展业务的，它们吸收活期存款，支付较低的利率（因为存款是高流动性的，可以随时提取），并以更高的利率发放更长期限的贷款。保险公司也是这么做的，它们通过收取保费来承担风险。但这种做法有什么问题呢？从以上行为包含的传统金融意义以及流动性供给的角度来说，可以将利差交易视为某种风险共担策略行为。银行和保险公司可以通过资产负债表来分担风险，而且这么做就可以发挥经济功能。

对银行而言，央行是它们最终的后盾，能够在发生挤兑时提供流动性。

然而，如果某些交易员或机构的资产负债表不足以承受重大崩盘损失，但他（它）们仍持续开展利差交易，这往往会出问题。从理论上讲，利差交易的风险，应该会让那些资产负债状况不佳或不合适的投资者远离市场。这就是利差交易收益的标志性模式发挥作用的地方。如果在很长一段时间内都没有出现利差交易崩盘的情况，那么利差交易就会显得很有吸引力。对投资回报的追逐会诱使甚至迫使一些市场参与者进行利差交易。由于利差交易的扩张与流动性的增加有关，那么随着新进入的交易者建立头寸，金融市场将出现流动性和信贷过剩。然后，利差交易会不可避免地崩盘，此时这些流动性和信贷会迅速收缩。

尤其在流动性和信贷突然减少的情况下，这种动态过程会对实体经济造成负面影响。随着资产价格下跌和流动性收缩，央行会采取行动来稳定市场。市场稳定就意味着波动率低，因而央行的行动实际上可以减少利差交易的损失。因此，人们永远无法感受到利差交易的全部损失，这让一些本应被市场机制清除的利差交易者得以生存。那些幸存下来的人几乎都是内部人士，他们拥有足够的政治和金融影响力，既能影响政府政策，也能迅速对危机做出反应。

这种做法还有一个不太容易理解但非常重要的后果，那就是随着时间的推移，财富不平等的情况会逐渐加剧。理论上来讲，有良好资产负债表的富有投资者有能力承受崩盘的损失，他们应当是金融利差交易的天然参与者。而由于央行稳定市场的行为，他们没有经历金融利差交易崩盘的全部过程，虽然他们的财力能够支持他们挺过危机，但央行的干预还是为其节省了资金，帮助他们在随后市场的复苏中积累更多的资源。与此同时，那些资金规模较小的投资者可能会在股市崩盘中一败涂地，或遭受灾难性的财富损失。

因此，央行在利差交易的增长中发挥了至关重要的作用。利差交易也能为实体经济提供流动性和信贷。就美国的情况而言，央行扮演着最后贷款人的角色，承担了部分与利差交易相关的损失。而这进一步鼓励了利差交易的增长，从而形成了一个自我强化的循环过程。

长期来看，这将导致三个至关重要的后果。首先，它使金融市场的繁荣与竞争力无关，而更多地与内部人士的地位有关。由于央行的行动，内部人士即便资产负债状况不佳也能够挺过金融危机。其次，它降低了原本就很富裕的投资者的损失，从而加剧了财富不平等。这些投资者不一定需要采取行动来降低市场波动率，仍然能够从中受益。最后，经济衰退和金融市场衰退之间的区别变得越来越模糊。衰退不再是资产价格剧烈下跌或熊市的原因，它只是资产价格下跌的结果。

很少有人明白这一点。投资者、经济学家、媒体金融评论员和政策制定者仍然认为，经济衰退必然纯粹是由经济原因造成的，或者注定是由短期政策或监管失败造成的，他们认为金融市场的波动反映了衰退。本书则指出，事实上标普500指数本身已成为全球金融市场利差交易体系这种机制的核心；股市崩盘并不预示着经济衰退就要到来——这本身就是衰退。利差交易泡沫和利差交易崩盘的周期，与经济周期已经变成同一回事了。

随着时间的推移，这就产生了一个棘轮过程[㊀]。在此过程中，利差交易对经济的主导作用越来越大，随之而来的利差交易崩盘和相关经济危机的后果更为严重，相应地，中央银行和政府阻止和逆转这些后果的干预也更为必要。金融结构，也就是股票市场和全部金融市场之间的实质，整体已经演变成一个主要依赖利差交易以及央行或政府干预而存在的体系。由于利差交易总是使用杠杆工具，它的持续增长必然导致债务累积。尽管利差交易泡沫的必然结果是资产价格大幅上涨，但只要这个过程不断继续下去，本质上最终会演变成一个通缩过程：在利差交易泡沫阶段，资产价格的上涨起到了遏制通缩的作用，然后利差交易崩盘就表现为“通货紧缩冲击”。本书将这样一种金融结构的演变过程定义为“利差交易体系机制”。

很显然，从根本上讲这种极端情况必然是一个破坏财富的过程。实施利差交易的金融市场参与者（以及企业和个人）所创造的财富，并不是真正的财富，真正的财富来自经济实体提供普通民众所需要和期待的更好的商品及服务的强大能力。相反，利差交易会导致金融资产价格被无可救药地扭曲，并与实体经济脱节，从而将稀缺的资本引向潜在的非生产性用途。随着时间的推移，经济表现将越来越糟糕，收入和财富越来越集中在少数人手中。

同样重要的是，人们要认识到，随着利差交易这套体制的发展，从根本上央行（乃至政府）的真实权力正在被削弱。这似乎有违直觉，

㊀ 这里是指利差交易运行过程的不可逆性。——译者注

但与监管俘获[㊀]（regulatory capture）一样，央行自身也被利差交易“俘获”。在严重通缩的利差交易崩盘期间（如2008年发生的那样），它们似乎别无选择，只能通过更大规模的干预行动来纾困，但这反而会进一步增加道德风险。利差交易体系存在诸多看似矛盾的方面，其中之一就是央行行长们似乎拥有巨大的权力——他们拥有创造高能货币、设定短期利率和用他们的一切说辞来强有力地影响金融市场的非凡权力，但归根结底，其自身几乎没有更多的行动空间，央行仅仅成了利差交易的代理人。它们看似强大的力量，实际上大多是人们的错觉。

最后，本书得出的结论或许有些令人不快：在目前的体系中，利差交易、卖出波动率、杠杆交易、利润、流动性和权力都是紧密相关的，在极端情况下，它们实际上会聚合成同一类东西。当前经济体系正在朝着这样一个方向发展：任何个人或实体的“财富”或市场价值与获得权力来源的关系，远远比它与才能、业绩甚至更重要的个人或实体自身价值的关系更密切。而随着时间的推移，只有后者才有能力为提高社会生活水平做出贡献。

如今，利差交易危局正趋于巅峰，没人知道另一边是什么，但本书在最后至少就金融和宏观经济领域给出了一些总体看法。不了解利差交易的重要性，就无从开始了解未来。

㊀ 在1971年发表的《经济监管理论》一文中，斯蒂格勒指出监管能够为被监管的产业带来四方面的利益：政府直接补贴、对潜在竞争者的市场准入控制、对替代品和互补品的控制及价格控制。为获得监管收益，被监管者将动用种种资源和手段“俘虏”监管者。而监管者一旦被俘虏，监管的设计和实施都将围绕被监管者的利益展开。——译者注

The Rise
of Carry

| 第 2 章 |

货币利差交易及其在全球经济中的作用

货币利差交易

货币利差交易是最广为人知的利差交易方式。实际上，在许多金融评论中，“利差交易”一词往往与“货币利差交易”同义。如果投机者想要简单地进行货币利差交易，他们会借入低利率货币，然后将借入的资金投资于高利率货币，并从中获得两种货币利率的差额，即利差，这就是其中的交易收入。

相关交易的风险是高利率货币相对于低利率货币出现贬值，并且贬值的资本损失最终大于投机者从利差中获得的收益。这种风险可以用汇率的波动性来解释。如果投资的货币与借入货币的汇率不稳定，那么高利率货币兑换为低利率货币的价值损失超过净利息收益的可能性会更高。

外汇市场的货币可以细分为低利率货币和高利率货币，前者往往被称为“融资货币”，它吸引投资者借入这种货币的资金进行利差交易；后者则被视为“接受国货币”，即看似有吸引力的可投资货币，以便从其高利率中获益。在过去 20 年左右的时间里，最重要的融资货币是美元、日元、瑞士法郎和欧元。近年来，主要的融资接受国货币包括巴西雷亚尔、澳元、土耳其里拉和人民币。

在经典的经济均衡理论模型中，随时间流逝，货币利差交易的收益应为零。由于预期回报应该为零，因此这种交易设想应该没有什么吸引力。这是因为在均衡状态下，高利率货币的高利率随着时间推移会反映出类似的高通胀率的预期。相反，随着时间推移，低利率货币通胀率会比较低。因此，人们应该期望高利率货币相对于低利率货币贬值的速度应与通胀率的差异一致，也应与利率差异一致，这是高利率货币国家维持贸易竞争力所必需的。

从理论上讲，远期汇率应当反映出高利率货币未来贬值的预期。借入低利率货币，投资于高利率货币，同时在远期市场对冲外汇风险的操作，将不会有任何收益。如果要从无对冲保护的利差交易中获得收益，那么通过在远期市场上购买高利率货币，实现起来反而更为简单。如果高利率货币的贬值幅度不符合远期汇率给出的预期，那么采用这种简单策略就能获得正收益。

在实践中，货币利差交易通常能提供长期正收益（如第 4 章的经验研究所示)。利差交易产生的这些长期正收益尽管表现强劲，但通常往往以交易崩盘告终，而这种崩盘通常表现为利差交易接受国发生金融危机。利差交易流入的资本对接受国货币起到了支撑作用，从而阻止出现传统均衡模型所预测的贬值情况，并往往会导致货币实际升值。在后一种情况出现时，利差交易者不仅可以从货币利差交易中获得利率提升或利差收益，还可以得到货币升值的好处，从而使其能从交易中获得强劲的正收益，直到利差交易崩盘为止。

理论上，如果市场定价有效，纯粹的货币利差交易在一段时间内应该是无利可图的，但如果人们相信各国央行将努力减缓或阻止可能发生的汇率调整，这些交易可能会非常有利可图。央行的干预可能会让利差交易者有时间和能力在维持大部分利差不变的情况下退出交易。央行在外汇市场的存在可能会抑制汇率波动，从而降低投机者开展货币利差交易的风险。

原则上，货币利差交易的概念相当易于理解。但在实践中，通常很难定义一项特定的交易或者某种金融结构是否真的是货币利差交易。如果对冲基金借入大量的美元或日元等低利率货币资金，来为所持有高利率债券（如巴西雷亚尔或土耳其里拉债券）融资，那么这显然是一种货币利差交易，因为它具备典型的杠杆元素，并且意图通过货币错配赚取（杠杆）正收益回报。但还可能存在如下情况：例如，一家巴西公司日常经营中使用高利率货币（巴西雷亚尔），该公司选择借入低利率货币（例如美元）来为投资项目提供资金，如果成功，就能获得美元的收入和巴西雷亚尔的收入。

第二种情况的结果显然不那么让人确定其是利差交易。就该项目可能产生一些美元收入来说，美元融资不构成货币利差交易，且未来的美元收益将用于偿还美元债务。但如果美元收益最终令人失望或根本不存在呢？这个例子有助于说明，仅凭数据无法准确识别货币利差交易，投机者或投资者的交易对于在现实中了解某一交易或金融结构是否是利差交易至关重要。

本书认为，货币利差交易是一种交易或交易结构，在这种安排中，往往通过借入一种利率较低的货币来投资或持有另一种具有相对较高预期收益的货币资产。这也包括处在利率水平较高的新兴经济体的非金融企业，通过借入美元或其他低利率货币为国内投资融资的情况。不过，它也不会把一个国家的投资者用自己的储蓄购买另一个国家的资产，以及用本国货币获得更高收益（日本的机构和投资者通常都如此操作）的所有投资案例都视为利差交易。后一种情况确实存在外汇风险，这也是所有货币利差交易所共有的特点，不过它并不涉及杠杆交易。

本书后面的内容会涉及的一个非常重要的主题是，利差交易与杠杆密切相关，也因此与信贷密切相关，同时也会与信用的另一面——债务密切相关。从宏观经济层面来看，货币利差交易明显忽视了外汇风险，或者仅是简单地愿意承担外汇风险。对于任何给定的利率，货币利差交易都往往会倾向于增加经济中信贷的需求。

以土耳其为例，该国的利率一直居高不下。土耳其经济经历了周期性的危机，但也经历了相当长时间的增长和表面平稳的时期。想象一下土耳其的一位企业家，在经济相对稳定的时期，考虑不同投资项目的可行性。与土耳其较高的融资成本（利率）相比，各种项目的回报率看起来没有吸引力。但如果企业家习惯于以较低的利率借入美元，并对隐含的外汇风险感到满意，那么这些项目就会神奇地显得可行。

换句话说，在这种情况下，对外汇风险满意就意味着在任何给定的土耳其货币贷款利率水平下，土耳其境内对信贷的需求可能会更高。同样，如果厌恶外汇风险的情绪急剧上升，就会发生利差交易平仓，这将导致整个信贷需求收缩，因此，在任何给定的利率水平下，货币需求都会出现紧缩。通常假设在其他条件相同的情况下，利率政策是央行影响信贷总需求的主要方式。但是这个例子表明，如果利差交易策略在投资和融资中占主导地位，那么中央银行的汇率政策（即中央银行准备在多大程度上抑制汇率波动）可能会对外汇市场的需求产生重要影响。

反过来，这又可能造成巨大的经济失衡，过去十年土耳其的经历就是一个很好的例子。进行土耳其里拉的利差交易（外国投资者和投机者因其高收益率而购买了土耳其债务，并且土耳其公司和个人倾向于以美元借款为国内投资融资，因为美元利率远低于土耳其里拉利率），就意味着大量资金流入土耳其。这也意味着会带来国内信贷繁荣和相关的房地产繁荣，后者会吸引更多的资本进入土耳其，结果就是里拉被严重高估，土耳其的国际收支赤字（即经常账户赤字）大幅增长，在2011年达到顶峰时这一赤字接近国内生产总值（GDP）的10%。

这种情况只有在货币利差交易持仓持续扩大的情况下才能持续下去。该国要求不断有新的利差交易流入，以继续为国际收支其余部分的赤字提供融资支持，并用以支付净进口。因此一旦利差交易流入放缓，除非中央银行干预外汇市场并使用自身的储备来支持，否则货币币值将下跌。到了中央银行的外汇储备将被耗尽的某个时点，最终本币币值将不得不下跌。

一旦套利接受国的货币贬值，外汇市场上外汇风险的厌恶情绪就会增加，利差交易接受国经济中的信贷需求减弱，货币利差交易突然失去吸引力。然后，就有可能出现利差交易崩盘的情况，与利差交易相关的资金流动出现逆转，本币崩溃，以美元或其他外币借入资金进行本币投资的国内债务人要么面临风险，要么资不抵债，因为其本币资产当前的价值将远远低于外币债务。就土耳其而言，这一切终于在 2018 年爆发了，就在当年的 7 月和 8 月，土耳其里拉出现了崩盘。

美元利差交易和美元循环

近十年来，美元一直是货币利差交易的主要融资货币。在 2007 ~ 2009 年金融危机后，美元融资的利差交易大幅增加，主要原因是美联储承诺将利率维持在极低的水平，并实施了宽松的货币政策，这在很大程度上似乎消除了美元走强的风险。因此，美元贷款对世界各地那些能够获得资金的人来说，似乎是一种非常廉价的资金来源。此外，美联储表现出的通过流动性安排或货币融资向其他央行提供美元的意愿（相关内容将在第 12 章中深入讨论）似乎消除了借款人的风险，这种风险一般表现为当借款必须延期或展期时，债务人可能无法获得美元融资。

由于以上原因，精准量化用于利差交易未偿还的美元资金的数量几乎是不可能的。但是，由于外国（非美国）美元借贷涉及跨境资本流动，因此会有许多与利差交易相关的经济序列数据。把这些数据放在一起看，尽管不能给出确切的数值，也能为相关业务发展提供强有力的线索。这些数据包括银行的外国资产和外国负债（通过银行部门获得的外国借贷）数据、其他可用的银行间数据、国际收支（资本流量）和外债数据。

就美国（利差交易中美元资金的最终提供者）而言，一个广泛采用的衡量利差交易的指标是所有美国金融公司的外国净资产，其数据由国际货币基金组织（IMF）按季度编制。该数据是对于外国净资产的衡量，因此不仅包括外国净借贷款，也包括股权持有量。基于此原因，它可能夸大了，或许是严重夸大了美元利差交易规模。

即便不从美国金融公司处借款，本书所指的美元利差交易也依然可能存在。例如，新兴经济体企业可以通过发行美元公司债券为国内投资融资，该债券由美国非金融公司投资者购买。根据本书的定义，这仍是一种美元融资的利差交易，但不会包括在美国金融公司的外国净资产之内。此外，大多数美国对冲基金不太可能被纳入"美国金融公司"中。美国对冲基金可以从美国金融公司借款（这将是美国金融公司的国内贷款，而不是美国金融公司的国外资产），以便为购买外国发行的高收益债券（本币计价）融通资金。显然，这就是货币利差交易，但可能不会在美国金融公司的国外净资产系列数据中有所体现。因此，该数据系列包括一些不属于美元套利的交易，但排除了一些属于美元套利的交易。

另一个相关资料来源是国际清算银行（BIS）记录的国际上表现活跃的银行的跨境借贷数据。从中可以看出全球银行对那些被确定为重要的接受利差交易资金流入的国家的净贷款数量。图 2-1 表明了一些国家的情况（这当然不是全部），这些国家一直是美元利差交易资金流入的主要接受国。这些数据是以 10 亿美元为单位计算的。

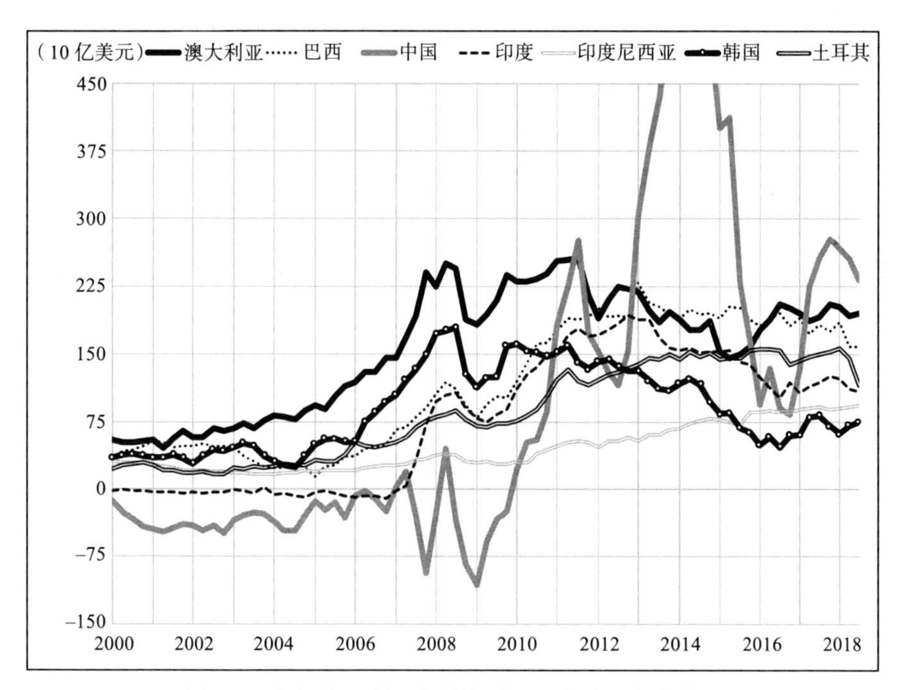

图 2-1　大额美元利差交易接受国的全球银行净债权

资料来源：BIS。

图 2-2 给出了图 2-1 中所有国家的金额总和，并将这个总额与 IMF 的美国金融公司国外净资产系列进行了比较。这两个数据序列的大小不同，因此在图表中用不同的坐标轴表示。但可以看出，这两个数据系列的变动趋势是相似的。

图 2-2　美元融资的货币利差交易指标

资料来源：BIS，IMF。

这两个数据系列都排除了不少美元利差交易，但也包括了一些不属于美元利差交易的数据。全球银行对图 2-1 所示国家的净债权，即图 2-2 所示的总额，显然包含了大量与货币利差交易无关的部分。尽管如此，这两个数据系列走势大致仍旧是并驾齐驱的。这恰好是表明美元利差交易周期正在加快的间接证据，这里的利差交易周期是由扩张期和利差交易崩盘期组成的。

这些数据本身并不能让人准确地估计为货币利差交易融资而占用的美元贷款规模。但来自国际收支平衡表和外汇储备数据的其他证据表明，利差交易所占用的美元贷款规模（在可能知晓的范围内）与图 2-2 所示的美国金融公司的国外净资产大致相当。这就意味着，美元货币利差交易可能在 2007 ~ 2008 年达到近 1 万亿美元的峰值，然后在 2009 年初全球金融危机最严重、出现交易崩溃的时候，规模几乎降为零，随后利差交易规模再次膨胀，并在 2014 年中达到了接近 3 万亿美元的新高。

在 2018 年 10 月的一篇论文中，BIS 的经济学家研究了新兴市场经济体中的非银行业务如何参与美元融资的利差交易，并导致自身易于受到不利汇率波动影响的问题。BIS 的经济学家声称，新兴经济体非银行企业发行的以美元计价债券的未偿还总量在 2018 年为 3.7 万亿美元，是 2010 年水平的两倍多。这里再次强调该数据并不能完全代表货币利差交易，且所有这些债务并非都是利差交易占用的资金。但从另一方面看，新兴经济体也并非完全使用美元利差交易，尽管图 2-1 表明新兴经济体的确占了其中很大一部分。可以说，这些数字与可以从美国金融公司的国外净资产和其他数据得出的估计值的数量级相同。

美元利差交易的有趣之处在于，美国并不是一个天然的利差交易融资国，因为它是一个存在经常账赤字的经济体。简而言之，这意味着美国的支出超过了收入，因此需要从国外吸收资本来填补缺口。美元利差交易的流动方向恰恰相反，需要资金从美元流向其他货币的投资。

对于一个储蓄盈余的国家来说，其货币成为利差交易的融资货币再自然不过了。日本就是这样一个国家，本书随后就将讨论它在全球利差交易中的重要历史作用。日本用于储蓄的日元比它用于国内投资的还要多。这种超额储蓄是天然的利差交易资金来源。利差交易者能以低利率从这个资金池中借款，然后投资于收益率较高的账户或其他货币资产。

美国没有类似的盈余储蓄池；事实上，它有的只是赤字。当利差交易融资活动以美元进行时，它会增加美国流出的资金量，从而扩大其国际收支的逆差总额。因此，利差交易活动增加了需要回流到美国以填补缺口的净资金量。

外国人必须愿意向美国提供资本，无论是以股权还是债务的形式。随着资本流入美国，这些外国实体积累了大量美元资产。由于利差交易流动增加了美国需要吸引的资本净额，它们实际上增加了外国人愿意持有的美元资产数量。这就引出了一个关键问题：美元利差交易并不是凭空出现的。其他国家的投资者，特别是央行和主权财富基金，愿意不断积累美元资产，从而使上述过程成为可能。图 2-3 中的“美元资金循环流动图”简单地解释了上述过程是如何运作的。

在图 2-3 中“政府部门”包括政府和中央银行，而“新兴市场”则代表了大量利差交易美元流向的国家集团。这个图并不完整，因为它只是描绘了美元资金循环流动的某个方面，美元利差交易只是其中的一部分。

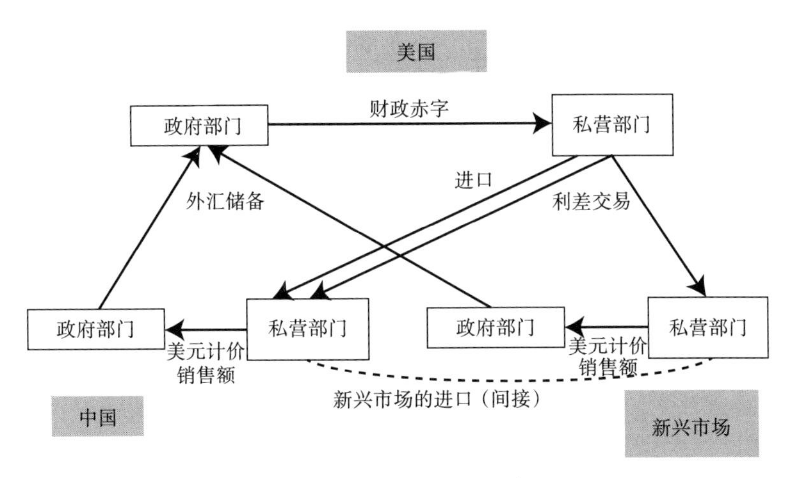

图 2-3　美元资金循环流动图

虽然整体上美国的支出超过了收入，但商业部门的净储蓄水平为正。这是由近年来相对于 GDP 更高水平的企业留存利润推动的。这些民间企业的净储蓄为美元利差交易提供了来源，利差交易会以多种方式出现。例如，公司可以将资金存入美国金融机构，这些金融机构可以直接投资于外币，或者将美元借给外国人，后者反过来将资金投资于收益更高的货币。美国金融机构（或美国公司本身）也可以购买外国银行或外国公司发行的美元债务工具。反过来，这些美元资金可以被用来向其他国家的银行和公司发放美元贷款，包括土耳其和巴西等新兴经济体。如图 2-3 所示，在该图中这些交易由图右侧标记为“利差交易”的箭头表示。这些都导致了全球银行积累外国净资产的流动。

最终这些利差交易所代表的资金流动意味着在土耳其、巴西和印度等国的个人和实体借入美元资金，而这些个人或实体并不一定有美元收入或收购美元资产。美元资金可能用于购买进口商品（如图 2-3 所示），比如从中国进口，也可能用于资助国内项目。在后一种情况下，就必须出售美元并兑换成本国货币，因为这些国内项目付款需要使用本国货币。

如果利差交易日益扩大，借来的美元会被卖出，用来购买本国货币，这些美元利差交易接受国的货币因此将倾向于升值。为了限制货币升值（以保护国家的贸易竞争力），这些国家的央行可能会出手干预，购买借来的美元，并出售本国货币。这个过程在图 2-3 中用右下角的“私营部门”和“政府部门”（向中央银行出售借来的美元）之间的箭头，以及从“政府部门”到“(美国）政府部门”（中央银行购买的美元投资于美国国债）之间的箭头来表示。同样，中国政府使用获得的美元购买美国国债。美国政府将销售其国库券和债券的收入花费掉，这意味着美国政府赤字，相关资金循环会再次开始。

由于货币利差交易涉及信用创造，随着美元循环流动的扩大，全球信贷日渐增长。在上述展示中，重点放在了对美国政府的信贷扩张上（表示为政府赤字融资的美国政府债务不断增加）。但认识到美元利差交易的资金流动可以从循环中的任何一点以信贷驱动的方式开始扩张，这一点非常重要。

例如，一家美国对冲基金可能会从一家美国银行借款，在土耳其购买土耳其里拉债券（鉴于土耳其利率高于美国利率），这就是一种纯粹的货币利差交易。在这种情况下，它与美国国内银行信贷的增加有关。人们卖出这些美元，换取里拉来购买债券。如果这里假设土耳其央行正在干预外汇市场，以阻止里拉升值，那么它就会在外汇市场上买入美元，这会增加土耳其央行持有的美国国库券和债券的外汇储备。同时，美国财政部得到美元，并为美国政府的赤字支出融通资金。

对于美国经济而言，上述过程的最终结果是银行贷款和联邦债务上升（因此货币供应增加）；对土耳其本国经济而言，公司债务和央行资产负债表扩大（因此货币供应增加）。最终结果就好像美国政府从这家美国银行借钱来为财政赤字融资，而土耳其央行则相当于购买了土耳其实体经济的债务。现实中的唯一区别是，与美国国债收益率相比，土耳其企业债务的收益率更高（随之而来的是市场崩盘的风险增加），这个利差是由对冲基金而不是土耳其央行获得的。

但这种假设利差交易不存在的情况，由于与事实相悖，不太可能发生。在正常情况下，土耳其央行不太可能购买土耳其公司债券，美国财政部也不会直接从商业银行借款来为赤字融资。在这个例子中，对冲基金愿意假设里拉币值在投资期间的降幅不会像两种货币利率差异预示的那么大，所以与其他假设情况相比，货币利差交易的存在鼓励银行信贷和货币供应出现更大幅度的增长。

在土耳其公司以美元借款也许更为可行的情况下，这一点反而会更加明显，前面已经讨论过相关情况。此时，如果土耳其公司借入美元为里拉投资提供资金，很大程度上会带来里拉收入，那么该公司会完成利差交易。如果只能使用利率较高的里拉来融资，这家土耳其公司的投资就不太可行，所以这家土耳其公司就是促进美元循环流动的推动力。如果它发行的美元债券被美国对冲基金购买，而对冲基金为购买债券融资而从银行借入美元，或者债券是由银行本身直接购买的，那么美元信贷和资金又将增加。“风险错误定价”（即里拉不会按照利率差异贬值的假设）导致的信贷和货币创造，要比其他情况更多。

抛补利率平价（Covered Interest Rate Parity Theory）原理显示，在外汇风险被完全对冲时，是无法通过借入低利率货币投资于高利率货币而获得利差交易利润的。例如，如果土耳其和美国之间的利差为10%，那么美元兑里拉的一年期远期汇率应该超过10%。投资者现在可以购买里拉，并获得10%的收益率优势，但如果他们想完美对冲外汇风险，就必须同意以恰好抵消利差收益的汇率再将里拉换成美元。换句话说，远期汇率中隐含的利差应该与银行间拆借市场的利差完全匹配。再者，在均衡理论下，未来任何时候的远期货币汇率都应该是对当时即期汇率的最好预期。

某种货币利差交易的增长意味着，至少对利差交易的参与者而言，存在隐含的期望，即利率较高的货币贬值的程度不会大于利率差异。因此，相对于利率差异（如果它反映了预期），利差交易接受者的远期汇率将“过高”，或者利差交易者对未来即期汇率的期望必须高于市场上的实际远期汇率。

BIS的经济学家在2016年10月和11月分别发表的另外两篇重要论文[㊀][㊁]中，分析了2008年全球金融危机后几年里在各种货币对中抛

㊀ 参见C. Borio, R. McCauley, P. McGuire, and V. Sushko, “The Failure of Covered Interest Parity: FX Hedging Demand and Costly Balance Sheets,” BIS Working Papers, No. 590, October 2016。

㊁ 参见Hyun Song Shin, “The Bank/Capital Markets Nexus Goes Global,” November 2016。

补利率平价理论的失灵现象。研究显示，通过外汇掉期（FX Swap）借入美元的成本已经高于在银行同业市场借入美元的成本，而且随着美元从 2014 年开始走强，这种差异变得更大（在外汇市场，这种偏差被称为“交叉货币基差”）。在 2016 年 11 月的论文中，申铉松（Hyun Song Shin）教授将此归因于，随着美元走强（考虑到世界各地美元的债务数量），银行面临资产负债表扩张能力受限的情况，因此对满足非银行机构的货币对冲需求的要求日趋严格；外汇掉期中隐含的利率与银行同业利率之间的正常套利交易变得更加困难，因为银行不愿进行交易或为这种套利提供资金。

申教授的论文和 BIS 的其他研究强调了美元在全球金融体系中的核心和主导作用（美元循环流动的基础），而通过对银行面临资产负债表约束的观察，有助于解释为何偏离抛补利率平价理论的现象长期存在。但是 BIS 观察到的影响抛补利率平价理论失灵的另一个因素可能是，过度增长的货币利差交易正迫使美元利差交易融资的隐性成本上升。这可能与一种观点不谋而合，即利差交易中存在隐含的风险定价错误，导致相应的信贷创造比没有发生利差交易时更大。鉴于美元利差交易（即全球经济中美元的循环流动）占据主导地位，随着利差交易规模的扩大，对美元融资的更大需求可能会迫使利差交易所隐含的美元利率高于正常的均衡水平。

这里再回到土耳其的例子上来，金融危机后美元和土耳其里拉之间利差交易规模的增长（至少）有两个重要影响：首先，利差交易导致了信贷扩张和货币超发，进而引发了经济增长和通胀，这是造成土耳其高利率的主要原因。这一点非常重要，正是利差交易引起了自满情绪，并最终导致了2018年土耳其货币和经济危机。其次，它提高了在土耳其借入美元资金的成本，从而将隐含利差推低至正常均衡水平以下。

货币利差交易（现代）简史

在上述众多的利差交易案例中，本书主要以土耳其为例，因为就接受利差交易的国家而言，进行土耳其货币的利差交易是后金融危机时期所有货币利差交易中持续时间最长的。从前面的图2-1就可以明显看出这一点。在接下来的一章中，本书将更详尽地再次介绍土耳其的例子。

土耳其的利差交易主要是由美元融资的。但货币利差交易现在不是，过去也不是仅仅使用美元来融资。在20世纪90年代初，随着房地产和股票市场泡沫的破裂，日本经历了金融体系破产，成为第一个经历超低利率或接近于零利率的国家。在货币利差交易兴起的头几年，很大程度上使用日元融资的利差交易占据主导地位。

利差交易崩盘的概念表明，高收益债券和货币会出现价值暴跌、波动率飙升的情况。这在很大程度上是正确的。但对于货币利差交易而言，汇率又有两面性，如果利差交易崩盘意味着利差交易接受国货币的崩盘，那也很可能意味着融资货币的价值“坍塌”。第一个真实案例是1998年10月初发生的日元崩盘，当时亚洲和俄罗斯危机结束，大型对冲基金长期资本管理公司（LTCM）倒闭。在那一年的10月7

日至 8 日，美元兑日元暴跌了近 15%，其中很大一部分日元汇率的崩盘发生在伦敦午餐时间（当天美国市场开盘时间），当时日元在短短几分钟内就变动了几个大点[1]。在当时的情况下，算得上是极为罕见的。

那次利差交易崩盘是主要针对东亚经济体的货币利差交易最精彩的部分，这些交易的规模从 20 世纪 90 年代初开始增加，并在 90 年代中期呈现爆炸式增长。这些利差交易的资金流动大部分是通过东亚国家当地的银行系统进行的，这也可以从 BIS 的全球活跃银行净债权数据中得出相应结论。

图 2-4 展示了全球银行对在 20 世纪 90 年代和 2009 年后处于货币利差交易中心的一些关键经济体的净债权。这样就可以将当时的货币利差交易与近期的进行比较，但还需要考虑如下三个因素。首先，大型全球银行只是这幅图的一部分。20 世纪 90 年代，亚洲各国国内银行业是利差交易资金流入的重要渠道，但这些资金并不都来自亚洲以外的全球银行。其次，以名义货币计算，现在的世界经济规模显然比 20 世纪 90 年代要大得多，图 2-4 给出了名义美元金额（以十亿美元计算）。第三，以 1997 年的泰国为例，当时它的经济规模相对较小，特别是与今天有类似问题的巴西、土耳其和印度相比。

所以，20 世纪 90 年代的亚洲货币利差交易规模并不小，日元资金也在其中发挥了作用。在 1996 年的顶峰时期，泰国的国际收支经常账户赤字（相当于利差交易资本流入）占到了 GDP 的 9% 左右。为了更好地理解这个数字的意义，国际收支经常账户赤字占 GDP 的 5% 就

[1] 在外汇市场上，1 个大点相当于 100 基点。——译者注

达到了危机水平。直到20世纪80年代，经济学家们才就这一点达成共识。

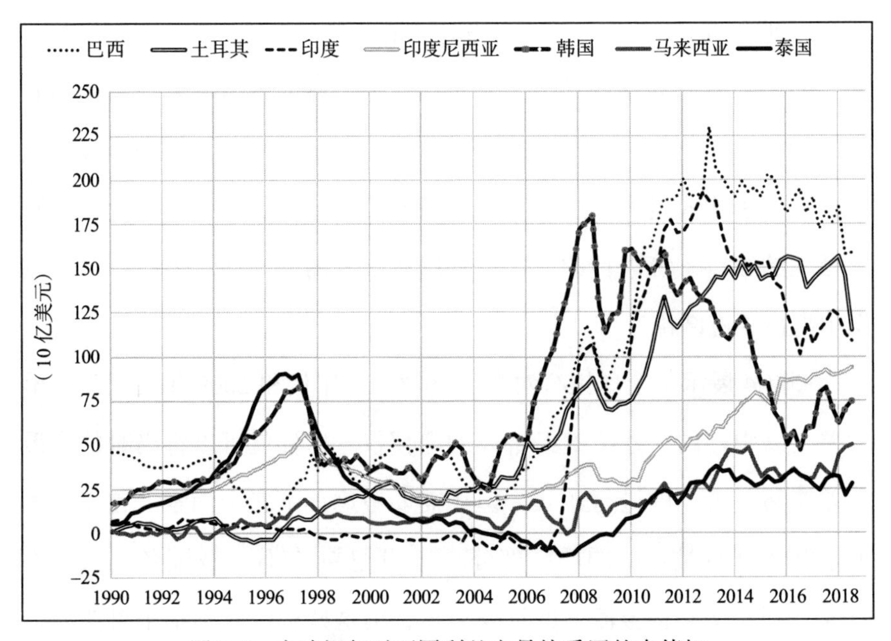

图 2-4 全球银行对不同利差交易接受国的净债权

资料来源：BIS。

亚洲（金融）危机始于1997年2月的泰国，当时一家泰国地产商违约，原本与美元挂钩的泰铢开始承压。泰国当局采取各种措施，试图惩罚外国投机者对泰币的攻击行为。但当时的实际情况是，一旦利差交易的资金流动转向，就不再有资本流入为泰国庞大的国际收支经常账赤字提供融资，泰铢崩盘在所难免——这就是典型的利差交易崩盘。货币危机随后席卷了其他负债累累的亚洲经济体，印度尼西亚、韩国和马来西亚都遭遇了巨幅的货币贬值。

亚洲货币利差交易并不是 20 世纪 90 年代利差交易泡沫的唯一表现形式，它可以被看作全球债务和衍生品市场许多领域更广泛的利差交易泡沫的组成部分。例如，它还包括欧洲外围经济体的债务，这些经济体预计未来将成为欧元区的一部分。20 世纪 90 年代的泡沫在这方面的影响至今仍然存在。总部位于康涅狄格州格林威治的大型对冲基金长期资本管理公司（LTCM）率先使用复杂的数学模型，并从高杠杆套利或押注卖出波动率交易中获取超额回报。在 1998 年利差交易崩盘到达顶峰时，LTCM 破产，至少这次崩盘在央行看来威胁到了整个全球金融市场。

美联储主席艾伦·格林斯潘（Alan Greenspan）直接表达了他对利差交易崩盘导致信用利差急剧扩大的担忧，出人意料地迅速放松了美国的货币政策，并在 1998 年 9 月至 11 月的两个月内连续三次降息。这些操作必须被视为利差交易崛起过程中的关键。当时的美国经济非常强劲，没有理由在已经相当低的利率水平上降息。美联储首次明确表示，通过这样做，它将金融市场的稳定，特别是信用利差水平视为央行的明确责任和优先事项。这次行动自那以后就影响了所有市场行为，并为随后出现更大的套利泡沫打下了基础。了解到美联储以及受其影响的其他央行会支持他们，这让利差交易者对使用杠杆押注金融资产波动率下降的交易更有信心。

日元资金在 20 世纪 90 年代的利差交易泡沫中发挥了重要作用，随着泡沫破裂，日元价格在外汇市场上的快速飙升证实了这一点。但日元利差交易的全盛时期才刚刚开始。2002 年，尽管当时日本短期利率几乎为零，但日元在外汇市场上再次开始升值。日本货币当局，即日本央行（BOJ）和财务省（MOF），决定防止日元过快升值，因为它们担心这会损害日本的出口竞争力和该国恢复可观经济增长率的机会。在截至2004年3月的短短7个月的时间里，BOJ和MOF积累了超过2500亿美元的外汇储备，试图干预日元升值。经过这段时期后，日元兑美元汇率基本持平，因为考虑到BOJ会在市场上购买日元，交易者希望出售手上持有的所有美元。

BOJ在阻止日元升值的极端干预方面的"成功"，加上接近于零的利率，使日元成为理想的利差交易融资货币，日元的借款成本非常低，波动率也非常低（多亏了BOJ的极端干预），似乎没有升值风险。因此从2004年开始，日元融资的利差交易再次腾飞。

此外，与美国不同的是，日本拥有巨额经常账户盈余，是一个"天然"的利差交易融资国。2003年，日本经常账户盈余上升到GDP的3%以上，到2007年中达到相当于其GDP的5%的峰值。在经常账户有巨额盈余的情况下，按照定义，必然会有等量的资本外流。日本银行通过对外放贷和收购外国资产在资金外流中发挥了重要作用，这就相当于利差交易提供了日元融资。不过与美元的循环流动相比，并不存在日元的全球循环流动。由于日元不是全球主导货币，日元的全球循环流动将是不可持续的。但日元利差交易不仅仅是日本银行对日本经常账盈余的再循环，日元利差交易的增长也是推动日元越来越被低估的力量，从而使得经常账盈余变得越来越大。

2006 年 1 月，π 经济学网站[⊖]上发表了一篇题为“全球失衡持续的原因是什么?”的文章，文中这样写道：

> 那么，日元最近的实际交易价格怎么会一直处于 20 年低点呢？不仅是按照 π 经济学的衡量标准，而且是以大多数衡量贸易竞争力的指标来看都是这样。这违背了基于理性的经济学逻辑，即当国外净资产根据目前盈余已呈现不可持续态势时，市场将会为日元重新定价，并在未来产生更大的贸易顺差……
>
> 原因……是“利差交易”规模的扩大……自 2004 年 3 月以来，银行的外国资产总额已经增加了大约 30 万亿日元，与 1996 年 8 月至 1997 年 12 月（LTCM 的全盛时期）的大幅增长幅度相同。值得一提的是，自 2004 年初以来韩元兑日元升值了约 33%，尽管韩元兑美元看起来越来越被高估，但与此同时韩元兑日元仍在大幅升值。

这篇文章写于 2006 年 1 月，但在接下来的一年里，日元利差交易的规模变得更大了。在 2007 年 1 月一篇被广泛引用的论文中，π 经济学估计日元利差交易的规模“远超 1 万亿美元”，随后这个估计值得到了其他金融界人士证实。但即便在当时，也就是 2007 年 1 月，日元利差交易在 2007 年 6 月至 2008 年 10 月最终达到顶峰之前仍在快速增

⊖ π 经济学（pi Economics）网站的创办人为本书第一作者蒂姆·李，该网站已于 2019 年底停止更新，详细可参见：https://www.pieconomics.com/。——译者注

长。由于不同的隐含指标会在不同的时间达到峰值，所以很难精准确定峰值出现的确切月份。不过，2007 年 6 月是一个转折点是再清楚不过的了。自那个月份之后，未平仓的日元利差交易额几乎没有进一步增加。全球金融危机通常被认为始于 2007 年 7 月下旬，这当然不是巧合。日元利差交易在危机前的全球信贷泡沫中的作用，以及其平仓交易在随后的全球崩盘中的作用，被后来的大多数分析和评论严重低估或完全忽视。

如图 2-5 所示，日元利差交易的指标之一就是日本银行的短期外国净资产。该图仅指短期外国净资产（即外国资产减去负债），其绝对量作为衡量日元融资的利差交易规模的指标意义不大。但在边际变化上，短期外国净资产的变化可看作利差交易扩张或收缩的方向性指标。全球信贷泡沫期间（特别是在其后期阶段）利差交易的急剧增长，以及其 2008 ~ 2009 年全球危机期间更为猛烈的收缩，在图 2-5 中表现得非常明显。

如果像上面所说的那样，2007 ~ 2009 年全球金融危机所涉及的日元利差交易规模大约为 1 万亿 ~ 1.5 万亿美元，这表明当时尚在进行的日元利差交易并不比未平仓的美元利差交易更大。这或许是事实，但几乎可以肯定的是，日元利差交易更容易受到冲击，日元融资市场比美元融资市场规模更小，流动性也更差，而 BOJ 那时也不像美联储那样积极地干预市场。在货币融资方面，日元利差交易的萎缩和崩盘似乎是 2007 ~ 2008 年金融危机期间事态发展的一个关键。

在全球金融危机之初，未平仓的货币利差交易总额可能在 3 万亿美元左右。日元和美元是主要的融资货币，但也有用瑞士法郎和欧元融资的货币利差交易。在 2007 年 5 月，据 π 经济学估计，利差交易占用的瑞士法郎未偿还借款可能在 1500 亿美元左右，不过这个数字可能被低估了。当时利差交易所使用的瑞郎借款有很大一部分不是由对冲基金或金融投机客占用的，而是东欧的个人和家庭，他们以瑞郎进行抵押贷款，因为这比本币借款便宜得多。2006 年底，匈牙利居民从国内银行借入的瑞士法郎总额约为 200 亿美元，而这个经济体的规模还非常小。

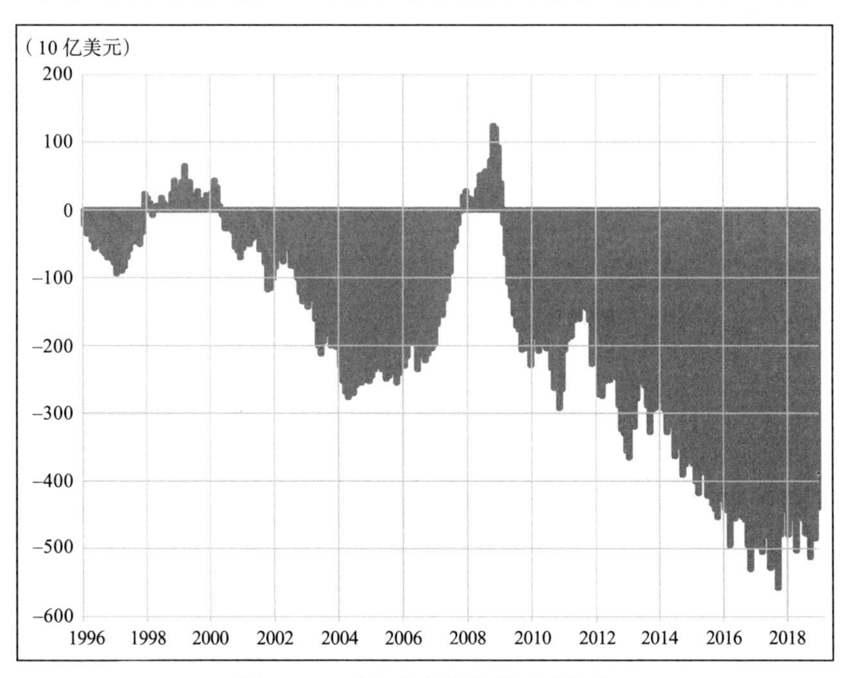

图 2-5　日本银行的短期外国净资产

资料来源：BOJ。

整个货币利差交易崩盘真正开始于 2008 年 7 月，也就是雷曼兄弟倒闭前两个月。从本章列出的图（如图 2-2）里可以清楚地看出这一点。仅从关键汇率本身看，就已经很清楚了。图 2-1 表明，在 2007 ~ 2009 年全球金融危机之前，澳元可能是最大的接受利差交易国的货币。澳元从 2008 年 7 月开始暴跌，从超过 0.95 美元的峰值跌至 10 月份的 0.65 美元左右。

然而，2008 年利差交易崩盘和 1998 年早些时候的利差交易崩盘之间最大的（也是最令人惊讶的）区别在于，2008 年崩盘的持续时间被证明非常短暂。对澳元来说，就在短短的一年后，澳元兑美元汇率就回升至 0.9 美元以上，继而创下约 1.10 美元的新高。表示货币利差交易规模指标的图表（如图 2-2）也说明了同样的情况。尽管在当时看起来很可怕，但 2008 年的利差交易崩盘最终被证明，这只是一场正在进行的未平仓利差交易史无前例的大规模扩张中的一次“修正”。

即使从货币套利的角度来看，传统的宏观经济指标也强调了 1997 ~ 1998 年亚洲危机和 2007 ~ 2008 年全球危机之间的差异。简单的公允价值（如购买力平价）分析表明，在亚洲危机期间，危机国家的货币跌至严重低估的水平，并在很长一段时间内维持在这个水平上。来自经常账户余额的证据有力地证实了这种观点。截至 1996 年底，韩国的经常账户赤字很大，约占 GDP 的 5%。到 1998 年，这个国家就有了巨大的盈余，占 GDP 的百分比达到了两位数。泰国也是如此，从 1996 年底的 9% 的赤字到 1998 年下半年的 12% 的盈余。利差交易崩盘使这些亚洲国家货币从非常缺乏竞争力变成了极具竞争力。

相比之下，2008 年的利差交易崩盘对当时的主要接受套利的国家并没有这样的影响。简单的公允价值（购买力平价）分析表明，尽管下跌得快速而猛烈，澳元和巴西雷亚尔等利差交易接受国（或目标）货币在跌至低点时仍只是处于轻微低估的水平，而且仅仅在这些被低估的水平保持了很短的一段时间，然后再次升值至严重高估的水平。在全球金融危机开始时，澳大利亚的经常账户赤字曾经约占 GDP 的 7%。在澳元崩盘后，情况却有了实质性的改善，不过从未出现经常账户盈余，到 2009 年底和 2010 年初又回到了占 GDP 5% ~ 6% 的大额赤字状态。巴西的经常账户一直处于恶化中，而且趋势没有明显中断。

到了 2008 年，利差交易者并没有被吓倒，或者至少没有被长时间吓倒。在 2014 年中的历史高峰期，未完成货币利差交易的规模似乎可能达到 4 万亿至 5 万亿美元之间，可能比 2007 ~ 2008 年的峰值高出约 50%。这与利差交易接受国货币的银行数据大致一致，如图 2-1 所示。如前所述，这个美元资金利差交易规模的新高峰似乎高达 3 万亿美元。尽管 BOJ 采取量化宽松政策，且金融市场对日元利差交易议论纷纷，但几乎没有证据显示，日元利差交易已重回昔日高位。相反，看起来欧洲央行转向零利率和量化宽松的趋势，很可能在 2013 ~ 2014 年间推动了欧元资金利差交易的发展。当然，在此期间，德国、荷兰和西班牙银行的国外净资产大幅增长，这为欧元利差交易的增长提供了强有力的间接证据。

因此，到了 2014 年中，美元利差交易就占据了主导地位，但也存在着大量的欧元利差交易，可能还有少量的日元利差交易。在 2015 年 1 月 15 日瑞士央行宣布不再为瑞郎兑欧元汇率设定上限时，剩下的那部分瑞郎利差交易就爆仓了，多家小型金融机构和外汇交易员受到波及。

The Rise of Carry

｜第 3 章｜

利差交易、杠杆和信贷

利差交易就是一种杠杆交易

货币利差交易就是在被投资货币币值保持稳定的情况下，隐性押注于融资货币的汇率会维持稳定。即使是最具吸引力的货币利差交易，相关汇率大幅的不利变动也会轻易抹去利差交易中的收益。货币利差交易本质上是押注汇率的波动性可能至少要比市场预期的低。因此，它可以被视作是一种“卖出波动率”的交易，就是押注波动率会下降，或者至少比市场预期的波动率要低。

货币利差交易也是一种杠杆交易。它包括投资于某种货币的金融工具或资产，通过借入另一种货币来融资。因此，未平仓头寸的规模将远远大于任何承诺的进行交易的本金。而且，在一些纯粹的金融货币利差交易中，可能根本就不存在承诺的本金。在货币利差交易中，如前一章提到的东欧地区普遍开展的瑞士法郎利差交易，匈牙利和波兰的家庭用瑞士法郎抵押贷款融资购买房屋，很明显它们投入了大量的资金。可悲的是，事后证明在大多数情况下，这些匈牙利和波兰家庭在不知不觉中投入的风险资本比它们所拥有的储蓄更多，随着瑞士法郎对匈牙利货币福林（Forint）和波兰货币兹罗提（Zloty）的大幅升值，它们的房屋就成了负资产。

货币利差交易只是利差交易的一种类型。在金融界，利差交易可以采取多种形式，最直接的例子可能就是卖保险了。保险公司或保单的制订者收取保费或收入，因为如果所投保的事件发生，保险公司就不得不接受支付赔偿的风险。在金融市场上，信用违约互换（credit default swaps，CDS）是针对出现借款人违约情况的一种保险形式。CDS 的买家支付保费，并为相关债券（贷款）上违约风险保险。如果借方确实在债券兑付上出现违约，CDS 的买家就会得到卖家的赔偿。（然而，请注意，与正常的保险合同不同，CDS 的买家实际上不必拥有卖家为规避违约风险而投保的债券或贷款。）

在股票市场上，投资者若希望规避巨额亏损的风险，可以通过购买股票看跌期权来实现。在为购买看跌期权支付权利金后，期权持有者有权在未来某个时间以约定价格或行权价格出售股票。在此例中，行权价格等于或低于股票当前价格。因此，看跌期权的持有者或卖家将获得权利金收入，以换取承担股价下跌至期权行权价格水平以下的风险。

在后面的例子中，看跌期权卖方所承担的风险和标的资产价格（股票价格）波动率之间的等价关系尤为明显。如果股价大幅波动，在某个时候低于行权价格从而给看跌期权卖方造成损失的风险，比股价几乎不变的风险要高得多。

人们很少意识到的一个问题，是当利差交易在某个金融市场盛行起来时，它们往往不可避免地会出现崩盘的情况。从直观上看，利差交易往往能稳定地提供（基于收入的）收益，直到它们崩盘为止，这种情况可以简单用保险合同的例子来解释。比方说，一位投资者为某人一幢非常贵重的房屋提供保险，以免房屋被烧毁。房主每六个月向投资者支付一次保险费，只要房屋安全地矗立在那里，投资者就会每六个月从保险费中收取一次收入，而根本不需要做太多的事情。但如果有一天发生大火，房屋真的烧毁了，投资者将遭受巨大损失，届时他将不得不根据合同来偿付全部房屋价值。投资者的回报原本一直非常稳定，直到出现灾难性的损失为止。

然而，在这种情况下，除非涉及犯罪活动，否则投资者销售保单与房屋实际烧毁的风险之间不应该有任何联系，这两个事件应该是相互独立的。这意味着投资者可以通过对大量不同的房屋签订保险合同来分散风险。但在金融市场，某些类型的利差交易越成功，也就是说它们能够提供的回报越高，就越能吸引更多的资本进行这些交易。而这个过程本身又在为交易的最终失败创造条件，从这个角度看，利差交易迟早会出现灾难性的损失或崩盘。

越来越多的资本被吸引到利差交易中，导致过度的杠杆效应和所谓的“失衡”等现象（利差交易崩溃的必要条件）。利差交易本质上是为了榨取利差收益，但其规模越来越大，往往也会导致目标资产的资本增值。反过来，由于资本增值不是基于诸如收入或经济增长的长期潜力之类的基本面因素，因此会导致失衡现象，即会鼓励在支出和收入之间造成赤字。只要利差交易占用的未偿还融资规模持续增长，这种失衡现象就会出现，而且这种情况必然是不稳定且不可持续的。一旦利差交易开始平仓，过高的杠杆就会确保这个过程迅速发生。

信用利差交易与风险定价错误

利差交易也可以被认为是一种提供流动性的交易。从不同的角度来看，利差交易者可以被认为在履行两种功能：一种是承担风险，就像保险公司那样；另一种则是提供市场流动性，就像金融市场上的做市商。货币利差交易者借入某种货币，买入利率更高的另一种货币，实质上是为后者提供流动性。正如本书即将在后面所讨论的那样，在股市中卖出波动率相当于“逢低买入”，就是准备在别人被迫抛售时买入。这可以被看作一种类似做市的功能，即为股市提供流动性。

鉴于利差交易者正在发挥上述这些有用的功能，他们可以期望获得合理的正回报。由于利差交易收益往往以一种稳定的方式呈现，例如保险公司收取保单的保费，因此赚取这些回报所必须承担的风险就是面临突如其来的损失，即利差交易崩盘。如果利差交易获取正回报的时间持续“过长”，意味着过多的资金会被吸引到利差交易中来，从而赚取那些异常收益，明显这会出现问题。如果相关情况的确发生了，就意味着风险定价错误。

在货币利差交易的背景下，上一章谈及了导致2007 ~ 2009年全球金融危机的信贷泡沫的原因，显然这并不是人们通常所认知的金融危机。标准的看法是，全球金融危机是银行经营过度杠杆化，并对抵押贷款融资（特别是次级抵押贷款）内在风险定价错误的结果。抵押贷款泡沫的核心是规模庞大的信用利差交易，以及高风险的抵押贷款使用低成本资金来融资。蓬勃发展的信用衍生品市场允许使用风险被严重错误定价的“创新”，特别是债务抵押债券（collateralized debt obligations，CDO）和CDS。CDO（和贷款抵押债券）将贷款或抵押贷款甚至抵押贷款支持证券集合在一起，并将证券集合分成几部分。评级最高部分的所有者对贷款或证券集合支付的应计利息拥有优先权，而评级最低部分的所有者则获得剩下的一切。因此，评级最低部分的所有者就承担风险最大的基础债务违约。

评级最低的一部分CDO被认为与股票类似。然而，事实证明，在危机中它们的表现比传统股票的风险更大。人们认为，不同信贷中固有的风险之间的相关性没有实际情况那么大。一旦美国部分地区的房地产市场崩溃，CDO由抵押贷款支持的权益部分，或银行账面上剩余的债权，基本上会被证明为一文不值。

这个例子足以说明，当利差交易在“太长时间”内赚取“过高回报”时，利差交易泡沫总是会导致风险定价错误，这意味着风险集中在没有稳健资产负债表来承担这些风险的投机者或实体手上。当这些投机者或实体面临彻底消亡的可能时，自然就会出现利差交易崩盘情况。央行对这些破产事件蔓延到整个市场的担忧，会促使央行采取稳定市场、降低波动性的行动，最终降低了一些原本会破产的利差交易者的损失。因此，短期内央行在稳定市场方面的“成功”激励了利差交易进一步发展，这反过来又会在长期内积累更大的风险。

利差交易与信贷增长

如果利差交易总是使用杠杆，那么从宏观经济角度讲，利差交易泡沫就有理由与信贷泡沫联系在一起。每个债权人都会对应一个债务人，因此信贷就是债务的另一面，可以假设，利差交易泡沫也应该与债务积累联系在一起。总体上看这种观点并没什么错，但在宏观经济意义上，利差交易和信贷之间的关系远没有它和杠杆之间的关系那么明确。利差交易可以通过杠杆效应来集聚风险，但这些情况可能并不总是包含在非金融部门债务等宏观经济统计数据中。

回到前面保险的类比上。想象一下，一个投机者虽然名下没有多少财富，却能为许多不同的风险承保。只要不出什么差错，他就获得保费收入。

但如果某种灾难一下子导致许多事情都出了问题，投机者就会被扫地出局，而那些投保人会发现没能为自己的损失获得全额保障，将不得不出售资产。在这种情况下，累积的风险所涉及的或有负债很可能不会在宏观经济债务统计中得到充分说明。

在这个例子中，那些购买保险的人会支付给承保人一笔钱。保险合同可以被认为是购买保险者的一种资产，而对于承保人来说则是一种（或有）负债。但可以肯定的是，在存在极端风险事件的情况下，任何宏观金融统计数据都无法明确揭示潜在的后果。

换言之，在没有明显信贷泡沫的情况下仍可能会出现利差交易泡沫（显然，从宏观经济统计中也可以清楚地看出这一点），这种情况越来越明显。因为金融市场创新为利差交易创造了越来越多的机会，从而也为风险集聚创造了越来越多的机会。

这并不是要淡化利差交易和信贷之间的密切联系。由于利差交易往往是杠杆交易，而总体杠杆很可能在很大程度上涉及信贷，人们应该预计到，总体规模庞大的利差交易泡沫也应该在信贷泡沫中表现出来。

货币利差交易尤其如此，出人意料的是在现有经济统计数据中，这种关系十分明显。人们可以在特定国家的经济数据中看出这种关系，这些国家近年来一直是利差交易资金流入的主要对象。

首先，分析一个假设的案例。设想有 A 和 B 两个国家，A 国是输出低利率资金的国家，B 国是接受高利率融资的国家。如果 B 国的潜在信贷需求是合理的（换言之，B 国是一个增长表现相当不错的经济体），那么 B 国的企业可能会决定用 A 国货币借款，前提是他们确信汇率的波动性低。然后，A 国较低的融资成本会将资金输送到 B 国，甚至会使 B 国的货币走强。对于那些认为货币走势将延续的人来说，进一步借入 A 国货币看起来更具吸引力。然后，来自 A 国明显可得的廉价信贷将进一步增强 B 国的经济，并随着房地产和金融资产的资产价格泡沫而产生周期性繁荣。资产价格的上涨，特别是房地产价格的上涨，反过来也会鼓励B国从当地银行借入更多资金。因为随着繁荣的发展，不断上升的通胀将使B国的实际利率看起来更低，上述动态进程可能会进一步增强。

历史证据表明，这种利差交易泡沫对货币条件较宽松的国家比对条件较紧的国家效果要好；也就是说，货币条件较宽松的国家更容易吸引资本。例如，在全球金融危机之后的几年里，它对土耳其的作用比对巴西的更好，这里所说的“作用更好”，是指它能为本国经济创造出一个更大的繁荣泡沫。

对于接受利差交易的经济体来说，宽松的货币条件意味着周期性经济增长强劲，潜在通胀高企。例如，举例中的高利率融资接受国B国的利率可能有10%，但如果经济在增长，基础通胀率也是10%，则其实际利率为零。在实际利率为零的情况下，即便使用本国货币融资，也非常容易出现房地产泡沫和其他投机性活动。所以，由于其相对较高的名义利率，该国将吸引利差交易资本流入，但随着繁荣的发展，国内信贷也会强劲扩张。如果实际利率确实很高（名义利率甚至会更高，或者基础通胀更低），那么国内信贷扩张就会大大减少。利差交易资金尽管会被较高的名义利率所吸引，但这些都不太可能持续，随着经济走软，利率最终将面临强大的下行压力。

这一切都表明，在接受利差交易资金国家的经济中，资本流入和信贷扩张之间应该存在某种关系。一旦国内信贷大幅走弱，利差交易资本流入将难以持续。但是鉴于利差交易资本流入确实持续受限，利差交易应该会相当快地萎缩。在此阶段，几乎没有利率回升的余地，很可能会出现利差交易崩盘的情况，利差交易资金会突然撤出。

图 2-1 显示了近年来，向 BIS 报告的银行（覆盖全球银行体系的大部分）对接受利差交易资金主要的国家和经济体的净债权。这些数据在一定程度上表明了每个国家的利差交易资本流动的相对规模，它们表明，近期最主要的利差交易资金接受经济体包括中国、澳大利亚、巴西、土耳其、印度和印度尼西亚。在这些国家中，澳大利亚经历了规模庞大且持续的利差交易资本流入和流出，这与利差交易中全球周期的其他可用指标有很强的相关性。从货币利差交易的角度来看，澳大利亚可以被认为是全球利差交易泡沫的风向标，这一点已经反映在澳元的走势上了，这也在第 2 章讨论过。

因此，考察利差交易资本流入与澳大利亚信贷增长之间的关系尤为有趣。图 3-1 通过使用 BIS 的数据表明了这种关系。用于表示利差交易流动的基础数据是图 2-1 中 BIS 所记录的澳大利亚净债权的数据。不过，图 3-1 显示的是对澳大利亚净债权的年变化率，而不是未偿还金额。正如上一章所讨论的那样，全球银行对任何具体国家的净债权并不是衡量该国未完成利差交易的指标；充其量，这些债权可以用来衡量其与未完成利差交易相重合的部分。然而，我们有充分的理由相信，这个指标的走势在方向上是与真正的利差交易相吻合的。因此，用这个指标的变动率来衡量未完成的利差交易，应该能很好地表示利差交易的资金流动，即用净额计算由利差交易买卖所导致的资金流动，是在流入还是流出。

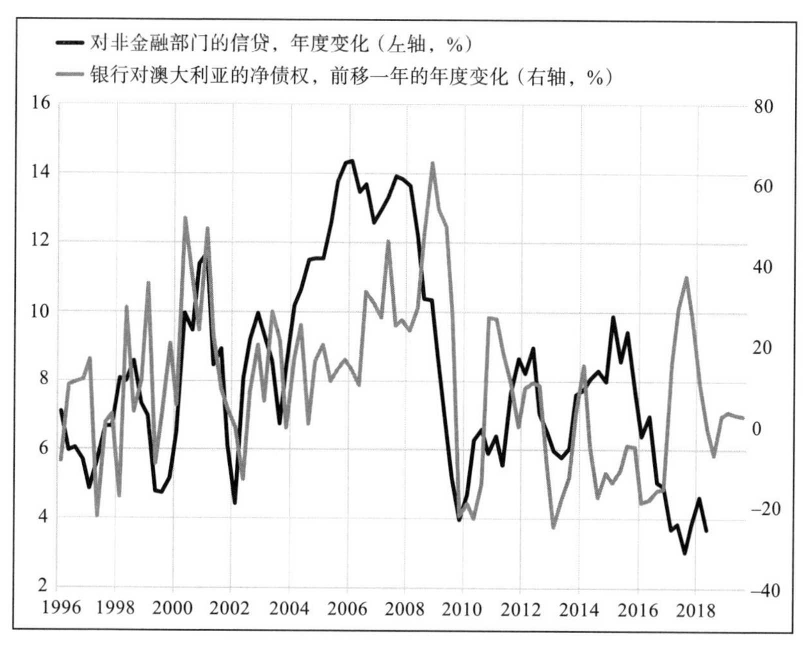

图 3-1　澳大利亚信贷总量和全球银行净债权前移数据

资料来源：BIS。

同样，BIS 用数据将此利差交易指标与澳大利亚的信贷增长总量进行了比较。不仅仅是银行信贷，后者包括所有居住在澳大利亚的个人、企业、政府和其他非金融实体的所有类型信贷的增长。信用是利差交易的直接结果，包括来自海外的货币利差交易，也在这个信用指标中，因此图中这两个数据序列之间存在重叠的情况。不过，可以发现在这类针对单个接受利差交易资金的国家比较中，利差交易流量指标和总信贷增长指标之间存在时滞，在图中是通过将利差交易流量指标前移一年才得出相关结论的。

图中通过将利差交易数据列前移来表示存在滞后情况，这也为利差交易一直是澳大利亚国内信贷扩张动力的理论提供了相当重要的支持。这也同样适用于其他利差交易资本接受国。有时候，这种情况还会支持这样的观点：BIS 的全球银行净债权数据是未完成货币利差交易量的合理替代品。

图中显示了澳大利亚的信贷增长和利差交易之间可能存在潜在差异的三个阶段。也许“差异”一词用于描述 2004 ~ 2008 年这段时间的情形并不准确。在此期间，流入澳元的利差交易资金很强劲，但信贷增长更为强劲。这是我们已经在前面的利差交易驱动国内信贷繁荣的假设中所描述的经典案例。利差交易泡沫带动了国内信贷繁荣，进而使利差交易泡沫被吹得更大。这种理论认为，由于蓬勃发展的国内信贷会吸引利差交易资金，所以信贷资金量应该伴随利差交易并保持在高位。数据显示情况也确实如此：在 2002 ~ 2005 年间，澳大利亚和美国的 10 年期利差大多在 1.0% ~ 1.5% 的范围内，但在 2007 年末则升至远高于 1.5% 的水平。

从 2014 年中到 2015 年的第二个时期的表现就不那么有说服力了，这段时间全球利差交易正在收缩。在此期间，利差交易量持续下降。第三个时期是从 2015 年末开始的新一轮利差交易泡沫时期，利差交易资金流入快速反弹，但国内信贷并没有随之复苏，而是趋于疲软，利差继续收窄。

在最后一段时期，资金似乎是被推进澳大利亚的，而不是被吸引进来。实际上，尽管澳大利亚国内对资金的需求有限，但资金却被投向了澳大利亚。这与全球利差交易泡沫在那个阶段完全是在美国国内产生的观点一致，这一观点压低了美元，并支撑了澳元和其他接受利差交易的国家的货币。到了这个阶段，全球利差交易泡沫的驱动因素仅仅是美国市场的波动率抛售，这个话题将在本书后面进行详细讨论。

然而，教训就是，仅以某种支柱作为利差交易的基础，即使这个支柱是全球最重要的金融市场——美国金融市场的波动率抛售，全球利差交易泡沫仍然无法真正做到长期可持续。规模巨大的、持续时间更长的利差交易泡沫必然会传导到世界不同地区的信贷增长中，而且如果利差交易泡沫持续时间长，就会出现明显的信贷泡沫。

土耳其利差交易泡沫及破灭

从某种意义上说，澳大利亚的资本流动和信贷增长周期以及其货币的表现一直是全球利差交易周期兴衰的长期良好指标。如果说澳大利亚一直是全球货币利差交易的领头羊，那么土耳其的情况就是极端的不稳定。土耳其经历了持续时间最长的利差交易，时间长到了荒谬的地步。由于利差交易资金继续流入，甚至出现了经济极端失衡和政治不稳定的迹象。

图 3-2 采用了图 3-1 解释澳大利亚的方法来说明土耳其的情况。不同的是，图 3-2 中使用的滞后时间只有六个月，而不是一年。滞后时间虽然较短，但利差交易流动周期与信贷周期之间的关联性出乎意料地紧密（至少直到 2018 年货币崩盘之前的那段时期），这表明利差交易促进了土耳其信贷相当快的增长，进而导致经济进入了动荡周期。

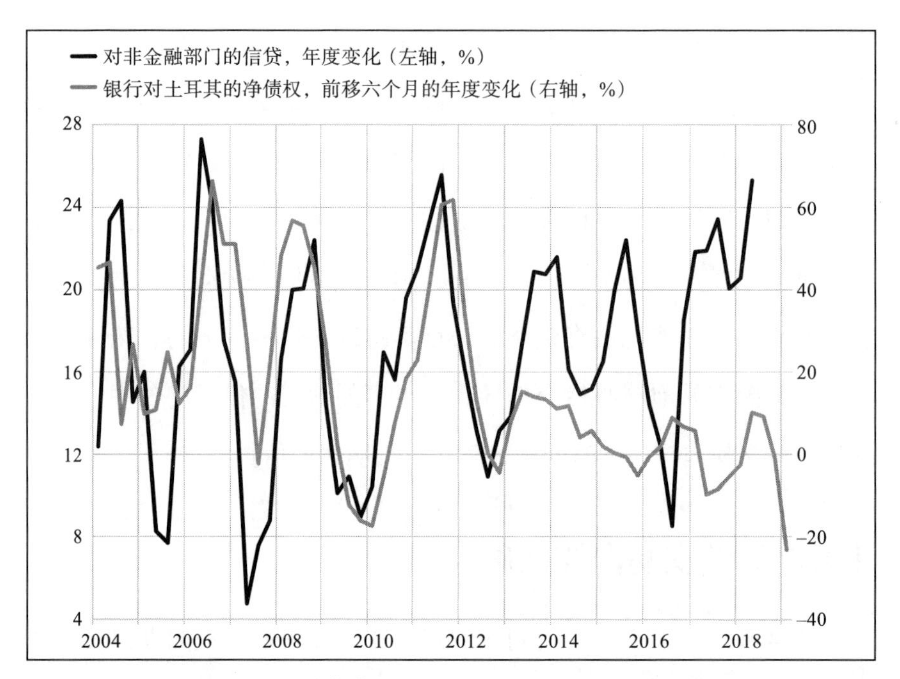

图 3-2　土耳其信贷总量和前移的全球银行净债权数据

资料来源：BIS。

土耳其的利差交易和澳大利亚的一个不同之处在于，土耳其的利差交易在 2016 年并没有像澳大利亚那样出现强劲复苏，反而处于萎缩状态，尽管实际情况是土耳其国内信贷在此期间强劲增长。这意味着，鉴于政治不稳定（包括未遂政变）和持续的严重经济失衡，当时人们对土耳其利差交易的避险情绪终于开始上升。

在这之前的任何一段历史时期里，由于土耳其外币债务负担巨大，长期用短期资本为经常账户赤字融资，加之持续快速的信贷增长以及存在巨大的房地产泡沫和高通胀，土耳其发现自身早已陷入了类似 1997 ~ 1998 年亚洲金融危机的困境之中。但追求高收益的资本年复一年地持续流入这个国家，经济因此继续发展，泡沫不断增长。与处于全球经济格局中的其他任何单一经济体相比，土耳其的情况都更明显地表明了 2007 ~ 2009 年全球金融危机后所形成的全球利差交易泡沫的力量和规模的巨大程度。

土耳其的经验教训是，全球利差交易泡沫掩盖了严重的潜在经济问题的发展，从而阻止了分析师通过使用标准宏观经济指标来预见危机的爆发。例如，利差交易泡沫严重扭曲了衡量经济健康状况的标准指标，如外债与 GDP 的比率。利差交易泡沫意味着大量资本流入利率较高的国家（例如在土耳其这种情况一直持续到 2016 年左右），这往往会推高该国货币的汇率，使其越来越被高估。如前所述，货币汇率相对坚挺的趋势只会有助于吸引更多资本，因为利差交易者能从巨大的利差收入中获益匪浅，如果这种趋势持续下去，利差交易接受国还会从货币升值中受益。

土耳其始终维持着极高的利率，这虽然支撑了该国作为接受利差交易资金国家的地位，但也必然与高通胀联系在一起。例如，从 2002 年底到 2008 年 8 月全球金融危机高潮开始的整个时期内，土耳其的消费者物价指数（CPI）上升了 83%（以 IMF 标准衡量）。同期，美国 CPI 上涨了 20%。这是一个巨大的差异，尽管有时快速增长的发展中经济体可以在不损失贸易竞争力的情况下出现更高的消费者价格通胀率，但人们会认为，在需要保持贸易竞争力的背景下，货币贬值至少可以在一定程度上抵消这种巨大的通胀差异。然而，在同一时期土耳其货币里拉却升值了，而且升值幅度并不小，约为 35%，这可以说是一次大幅升值。

无论人们如何看待这一点，它都代表着竞争力遭受了巨大损失。但这种情况似乎在一段时间内还是可以维持的，因为利差交易带来的资本持续流入推动了国内信贷增长，并支撑了土耳其的货币币值。由于信贷泡沫和高通胀，土耳其的 GDP 增长迅速。因为里拉对美元也在升值，换算成美元，增长指标显得更为强劲。

2002 年底，土耳其的年 GDP 约为 2400 亿美元。到了 2008 年第三季度里拉仍处在峰值附近时，其 GDP 超过 8000 亿美元，在短短几年内增长了三倍多。当然，这种情况是不可持续的，随后随着里拉在外汇市场开始大幅走弱，以美元计的 GDP 也在回落。但其结果使得土耳其的宏观统计数据看起来比实际情况要好得多。以美元计的 GDP 是简单衡量债务可持续性指标的分母，例如外债占 GDP 的比例或经常账户赤字占 GDP 的百分比。当 GDP 的美元价值如此之高时，会让这些比率更好看，直到币值在利差交易崩盘中崩溃，然后这些指标突然看起来很糟糕。但到那时，对于任何过于认真对待这类指标的投资者来说，都为时已晚。

土耳其经常账户的国际收支在 2002 ~ 2008 年间急剧恶化，从大致平衡下滑到巨额赤字约占 GDP 的 5.5%。但如果没有夸大美元计价 GDP 的增长，情况会更糟糕，从而为以后遗留很多问题。土耳其的外债比率也有类似的情况。以美元计的 GDP 大幅增长使得土耳其的外债与 GDP 的比率在 2008 年看起来相当不错，不到 GDP 的 40%，远低于 1994 年和 2001 年土耳其金融危机时接近 60% 的比率。但值得注意的是，用土耳其里拉的公允价值来代替实际汇率重新计算的话，就会大大降低了用于计算经济比率指标的美元计价的 GDP 值，使得 2008 年外债与 GDP 的“潜在”比率超过了 70%，高于之前的危机水平。由于在接下来的几年里，外汇市场上土耳其里拉出现了几轮严重贬值，以当前汇率衡量的实际外债比率不可避免地升至 60% 的水平。

2018 年，土耳其里拉终于不可挽回地出现了严重的利差交易崩盘。过度借入美元的土耳其公司陷入资不抵债的境地。发生在土耳其的全部剧情仍将在多年后继续上演。但这是对政策制定者的一种警示，因为他们忽视了利差交易扩散带来的广泛后果，甚至是对积极鼓励利差交易扩散和全球化的警告。

The Rise
of Carry

| 第 4 章 |

利差交易空间及其作为投资策略的盈利能力

学术界对货币利差交易的兴趣与日俱增

利差交易作为一种交易策略，不仅在使用规模上有所增长，而且已经扩散到整个金融市场。历史上的教训有助于人们理解未来。

大约 40 年前，学术研究人员就开始有货币利差交易盈利的记载，研究表明，高利率货币相对于低利率货币倾向于升值。这明显不同于无抛补利率平价（Uncovered interest rate parity，UIP）理论，该理论假定货币具有相同的预期回报。在这种假设下，较高的利率应该是对预期汇率贬值的补偿，从而使投资者持有高收益或低收益货币没有差异。但是，这些早期研究表明，用诸如瑞士法郎等低利率货币借款，并将收入投资于诸如澳元等利率较高的货币，平均而言，这些都会产生利差所得（即利差交易收益）和资本所得。

汇率的实际表现与 UIP 理论的这种不一致被学术界称为汇率谜题，由于该谜题对研究人员来说就像利润对交易者一样吸引人，经济学家对此进行了大量的相关研究。例如，丹尼尔（Daniel）、霍德里克（Hodrick）和陆（Lu）在 2014 年发表的一篇论文中就记载了过去 10 年中对利差交易盈利提出过的至少 20 种不同的解释[一]。

学术著作中的这些解释大多是基于对风险的分析。换句话说，利差交易盈利不是免费午餐，而是对承担某种金融风险的补偿。具体风险包括出现大额损失的可能性，在金融世界处于波动率高、流动性受限、安全需求增加，以及其他风险资产表现不佳的“糟糕”情况下，利差交易往往会出现亏损。

我们同意这类学术工作的主要研究内容。进行利差交易是有风险的，而这些风险的性质很重要。经验研究表明，货币利差交易收益确实符合波动率空头交易常见的期望模式——超大量的小额正回报[二]，有时也会偶尔因为广泛的金融危机而出现大额损失（利差交易崩盘）。

在本书看来至关重要，但在学术研究工作中却并不经常讨论的一个主题是：利差交易回报与随后政府政策之间的相互关系。因为损失

[一] 参见 Kent D. Daniel, Robert J. Hodrick, and Zhongjin Lu, “ The Carry Trade: Risks and Drawdowns,” NBER Working Paper No. w20433, August 2014。

[二] 与来自正态分布的期望收益相比。

往往发生在市场“危机”时期，中央银行通常会采取稳定措施来应对。这在总体上产生了减少利差交易损失的结果，更准确地说，这些损失大多集中在市场机制运行最不成熟的领域。这会是本书后面几章的中心议题。

大多数学术研究表明，货币利差交易的回报是对那些很少有人愿意承担的风险的补偿。通过承担（即便是无意的）其中一些风险，央行也在鼓励遍布汇市内外的利差交易不断扩张。利差交易在当前代表着全球信贷周期的主要驱动力，也是造成金融市场不稳定的因素。在本章，我们拟以货币利差交易的历史为鉴，来更好地理解未来可能出现的金融危机风险。

构建利差交易组合

研究货币利差交易收益率的历史没有标准的方法。随着时间的推移，学术研究人员从对汇率数据进行统计分析开始，逐渐转移到检验假设投资组合的回报上来，而这些投资组合可能更贴合实际从业人员的经验。由于我们关注的是利差交易增长的实际后果，同时认识到任何回溯测试都不能准确复制历史，而对历史收益的研究又要尽可能地接近现实。因此，我们的分析基于一个对假设的货币利差交易投资组合进行的回溯测试，该投资组合使用简单又符合实际的规则，在实际操作中可以很容易复制。本章末尾的专栏“货币利差交易回溯测试”提供了如何构建回溯测试的详细信息。相关回溯测试使我们能够突出展示货币利差交易的主要特征，预计其他类型的利差交易也会拥有这些特征。

货币利差交易投资组合往往由多空策略（long-short strategy）构成。我们可以假设这样一种策略：借入想要做空货币的资金，将资金兑换成想要做多的货币并储蓄起来。做空货币的加权平均利率就是投资组合的融资成本，而做多货币的加权平均收益就是利息收入。两者之间的利差是投资组合的收益。

这样建立的货币利差交易投资组合会适度使用杠杆，比如说，每 1 美元的资本对应着 1 美元的多头和 1 美元的空头。在 1986 ~ 2018 年的测试期内我们发现，这样的杠杆比例每年只能产生 2.0% 的回报。这种策略的波动也很平缓，每年略低于 5%，类似于 5 年期美国国债。这两个数值之比，就是资产管理公司所说的信息比率（IR），大概在 0.4 左右。

IR 稳健和绝对回报率较低的组合就给资产管理公司带来了一个难题。虽然风险和回报的权衡看起来不错，但该策略的绝对回报水平不足够高。“解决方案”通常是使用更多的杠杆。这可以产生更高的绝对回报，但当然，也要权衡随之而来的更高的潜在风险。

为了提供一组可以与我们熟悉的大类资产进行比较的组合回报数据，我们选择了 10 倍杠杆水平（每 1 美元的资本对应着 5 美元的空头和 5 美元的多头）。这样就能产生年化约 15% 的风险，与标普 500 指数的情况类似。尽管这种杠杆水平看起来可能很高，但考虑到典型外汇远期交易的抵押品要求通常较低，这在外汇市场上肯定是可以实现的。

货币利差交易的稳定历史回报

图 4-1 显示了 1986 ~ 2018 年测试期内使用此策略投资于每 1 美元的累计价值。利差交易投资组合经历了 20 年的强劲业绩增长，但在全球金融危机期间大幅回撤，2009 年有所反弹，此后的回报变化不大。表 4-1 显示了在这些不同的细分阶段里该策略的年化回报率，并证实了上述走势。

图 4-1 模拟货币利差交易策略的累计回报

注：有关该策略参数的详细信息，请参阅本章末的专栏。
资料来源：数据流，全球金融数据，作者的计算。

表 4-1　货币利差交易策略的年化回报率和标准差（风险）

	发展中国家和新兴市场		仅发达国家	
	回报率	风险	回报率	风险
1986 ~ 2007 年	8.1%	16.8%	7.9%	16.7%
2008 年	–11.0%	12.2%	–23.1%	19.7%
2009 年	11.9%	8.8%	16.6%	13.9%
2010 ~ 2018 年	–0.3%	6.6%	0.1%	7.7%
全部时间段	5.2%	14.4%	4.9%	14.9%

资料来源：数据流，全球金融数据，作者计算。

在图 4-1 的“发达国家货币和新兴市场货币”测试中，根据获取的数据以及 BIS 的报告，当交易量达到一定阈值时（有关详细信息请参阅本章末的“货币利差交易回溯测试”专栏），我们也可以将新兴市场货币包括在内。这些新加进来的货币应该会增加建立高收益货币多头头寸的机会，从而改善业绩。然而因为在全球金融危机期间和之后，新兴市场货币相对发达国家货币普遍贬值，所以在这个时期将其纳入业绩的表现意义不大。只包括发达国家货币的交易策略最近几年也表现不佳。

鉴于到 2007 年为止，货币利差交易策略可获得可观的回报，它能吸引越来越多的资金投资就不足为奇。许多从业者意识到，货币利差交易策略有崩盘的风险。因此，虽然 2008 年市场出现严重回撤，但这却有可能被交易者视为该策略预期到的部分。那些坚持该策略并“在低迷时买入”的人在 2009 年获得了回报，人们对该策略失灵的担忧可能也得到了缓解。所以，货币利差交易规模在此之后继续增长也就不足为奇。不过，后来该策略的回报长时间的停滞不前，再加上市场对该策略过度关注，可能会使一些从业者重新考虑货币利差交易的长期可行性。

经济不景气时亏损

本书的一个基本主题是，如今利差交易策略的规模越来越大，已经从货币市场蔓延到其他资产市场。由于利差交易策略本质是卖出波动率，但在金融危机期间市场波动率会出现峰值，此时该策略往往会带来巨大的亏损，而且出现亏损的时机非常不合时宜。所以，这段货币利差交易历史给了我们一个机会，可以更详细地研究利差交易投资组合的回报产生模式。

货币利差交易每日回报的标准差略低于 1%，平均每日回报略高于 2 个基点[㊀]。如果收益遵循正态分布，预计这些回报中约有 21% 小于或等于 0.5%。事实上，小幅收益出现的频率要高得多，略高于三分之一的时间。

另外，超过 3% 的损失应该大约每 11 年发生一次，或者说在我们的样本期间发生 3 次。事实上，该投资组合的日损失在 3% 以上的情况出现了 77 次。虽然在 33 年的时间跨度内，这种情况相对罕见，但这种可能性仍然是预期的 25 倍。所以，货币利差交易的回报并不服从正态分布。更准确地说，利差交易被认为是遵循锯齿模式，其中会有许多小回报，偶尔会有大的损失[㊁]。

㊀ 具体地说，仅投资于发达国家市场策略的平均日回报率为 0.022%，日标准差为 0.92%。包括新兴市场在内的策略的相应数字分别为 0.023% 和 0.89%。

㊁ 在正态分布下，也有比我们预期更多的小损失和更频繁的高回报。小亏大赚间的取舍并不像小赚大亏那样明显。

当汇率稳定时，使用利差交易策略可以用来谋利。就像所有卖出波动率的投资组合一样，它能在市场“什么都没发生”的时候赚钱。相反，该策略在市场波动时期往往表现糟糕。图 4-2 直观地描述了这一点。我们计算利差交易策略的月度回报，按从最好到最差进行排名。根据这个排名，可以将回报分成 10 个大小相等的区间，称为十等分区间。十等分区间 1 包含了月回报率最高的 10%，十等分区间 10 则是表现最差的。

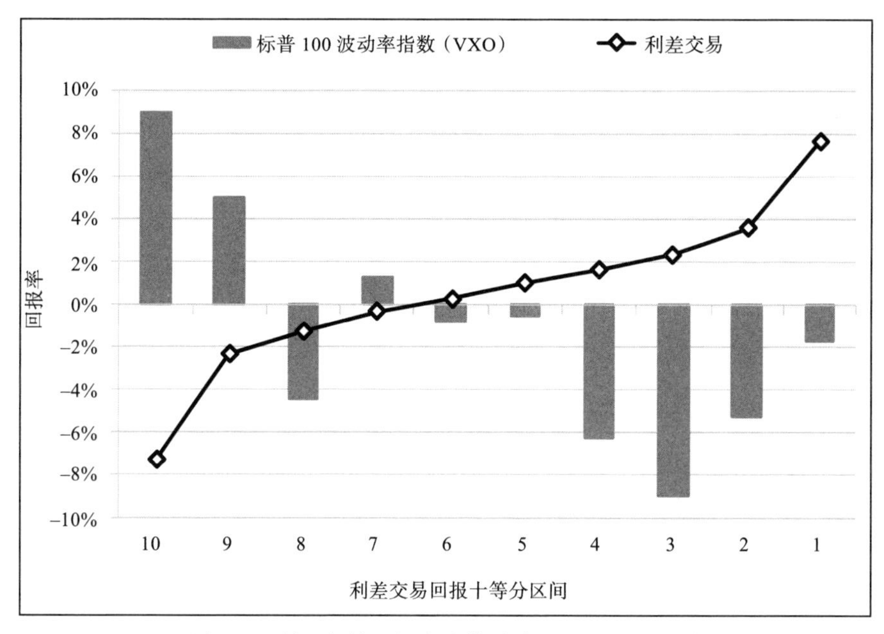

图 4-2　利差交易回报率十等分位区间的月度中值

资料来源：数据流，全球金融数据，芝加哥期权交易所（CBOE），作者的计算。

图 4-2 显示了每个十等分区间的利差交易回报中值，以及芝加哥期权交易所（CBOE）的 VXO 指数所表示的美国股市隐含波动率中值的变化[⊖]。这里使用回报的中值而不是平均值，以确保结果不会受到少数例外事件的影响，例如 1987 年 10 月的股市崩盘。利差交易策略表现最糟糕的月份（位于十等分区间 10）与股市波动率的飙升有关。在数据列的另一端，利差交易策略的盈利状况往往与波动率的降低有关。

标普 500 指数本身也存在类似的表现模式。货币利差交易投资组合最糟糕的月份也与股市的负回报相关。而当利差交易结果表现良好时（位于十等分区间 1 ～ 5），股票的月回报率中值从 1.5% 来到 3% 以上。

同样有趣的是，注意到图 4-2 中实线的扭曲形状，它将十等分区间里利差交易回报的中值联系在一起。十等分区间外侧的回报中值在数值上远大于相邻的组。这是另一种看出利差交易回报存在厚尾分布的方式。

我们还从风险管理经理的角度考察了利差交易回报。杠杆投资组合的经理在亏损达到一定程度后会被要求降低头寸，这是一种常用的风控方法。这里选择 10% 作为简单的风险限制措施，并规定每次利差交易从之前的高点下跌 10% 就会触发相应调整。在使用长达 33 年数据的回溯测试中，货币利差交易投资组合共有 42 次触及这个下跌触发

⊖ 更常用的 VIX 指数是从 1989 年才开始编制的，所以这里选择使用 VXO 指数。两者的月度变化的相关系数在 0.96 水平上，仅使用 1989 ～ 2018 年的 VIX 就可以得出同样的结论。波动率指数和股市波动率的基本情况将在第 6 章详细讨论。

机制。在图 4-3 中，我们绘制了标普 500 指数的回报和 VXO 在这段时间的变化。

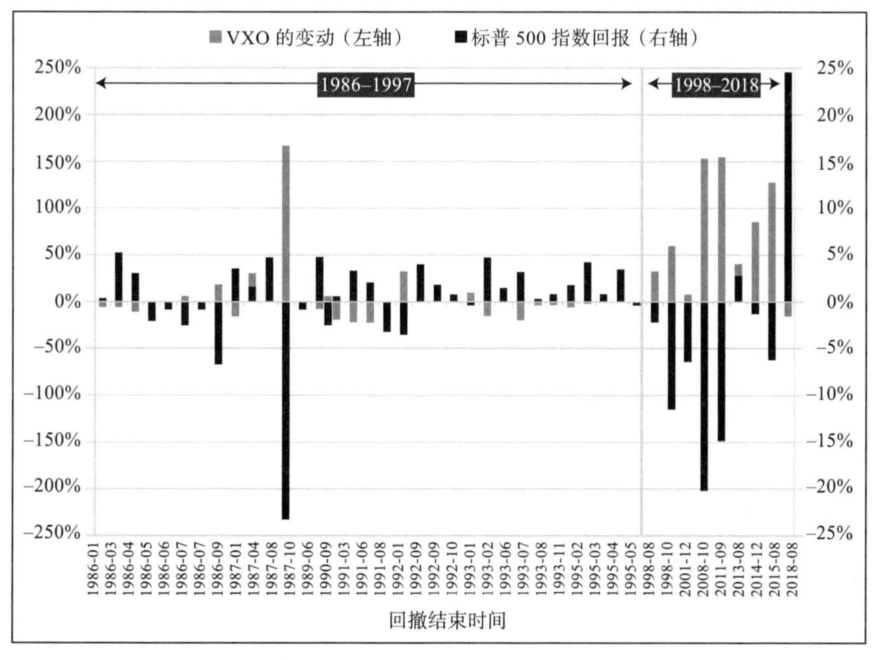

图 4-3　货币利差交易回撤期间的隐含波动率变化和股票回报

资料来源：数据流，全球金融数据，CBOE，作者的计算。

图中显示了两个有趣的特征：随着时间变化的回撤模式和回撤期间财务状况的偏度（skewness）[⊖]。水平轴代表具体回撤结束的日期。图 4-3 表明，在采用该策略的头一个十年里，10% 以下的回撤就有 33 次。在随后的 23 年里，只有 9 次。然而，最近的这些回撤与股市波幅

⊖ 偏度是描述分布偏离对称程度的一个特征数。当分布左右对称时，偏度系数为 0。当偏度系数大于 0，即厚尾在右侧时，该分布右偏。当偏度系数小于 0，即厚尾在左侧时，该分布左偏。——译者注

更大、回报更差有关[⊖]。

一种可能的解释是回溯测试中加入了新兴市场货币。我们首先从10种发达市场货币开始，后来可以获得新兴市场货币的数据，就将其纳入进来，最终投资组合中的货币增加到了29种。通过增加投资组合中的头寸种类，该策略将变得更加多样化，这可能会导致回撤次数更少。其次，由于新兴市场货币往往收益率较高，利差交易策略将倾向于做多一篮子新兴市场货币，做空一篮子发达市场国家货币。新兴市场国家货币对全球股市的敏感度更高，这可能导致策略最近的下跌与标普500指数下跌和波动率大幅飙升有关。

然而，仅包含发达市场货币的回溯测试表现出完全相同的模式。投资组合的大部分回撤发生在21世纪的头十年，最近的回撤与股市的大幅波动和下跌有关。因为新兴市场使得利差交易回报与金融状况恶化之间的关联越来越大，这有助于我们排除纳入新兴市场货币的可能性。

这些图表还描绘了利差交易损失和金融状况之间存在的偏度关系。当货币利差交易损失与标普500指数的损失和波动率增加联系在一起时，这些损失的规模往往比利差交易损失与标普500指数的收益和波

⊖ 最后一次回撤是个例外。这是一个不同寻常的状况，因为10%的降幅持续了18个月，使其成为迄今为止最长的回撤期。在这段较长的时间里，标普500指数的回报非常强劲，波动性很小。更细致的观察显示，利差交易策略在2018年8月下跌7%之前，经历了17个月的小幅负回报，当时土耳其里拉下跌了近40%，而里拉是当时利差交易策略投资组合中最大的多头头寸。在此期间，代表隐含波动率的VXO指标的确上升了约5%，与波动性增加时利差交易减少一致。然而，这只是波动率的温和增加，标普500指数在同一时间范围内上涨了约3%。总体而言，这段时间并不是一个全球性的“危机时期”，而是一个新兴市场独自面临压力的时期，尽管这对巴西和南非等其他新兴货币会有一些溢出效应。

动率下降联系在一起时大得多。在进行这些比较时需要十分慎重，因为这些条形图描绘的时间长度从 3 天到 168 天不等。然而，如果从风险管理的角度来看，可以说在其他资产的市场也表现也不佳时，利差交易投资组合出现不利结果的可能性很大，这意味着利差交易策略会放大而不是降低大多数金融投资组合的风险。

货币利差交易与股票利差交易的关联度越来越高

在金融市场不景气的时候会出现利差交易收益回撤。从经验上讲，它们也会发生在实体经济不景气时期吗？这里的证据表明，仅仅从数据中得出的证据并不是决定性的。由于 GDP 和工业生产增长等实体经济活动指标的估计频率较低，我们从更长的时间维度研究了它们与货币利差交易回报之间的联系[㊀]。例如，我们对利差交易投资组合表现最糟糕的六个月份（不重叠）进行了两者的计算和排名，来检验实际经济活动是否有相应的下降。两者之间没有明显的相关性。

这些时间段里的工业生产增长中值超过 1%，非常接近我们随机选择任意六个月期间的预期。仅仅关注极端回报并不能改变这个现状。在货币利差交易最糟糕的十个六个月期间里，工业生产只有两次出现负增长。而且利差交易表现在经济衰退期间并不一定表现不佳。在回测期间内，只有三次正式的衰退。利差交易投资组合在前两年获得了正回报，而在与全球金融危机相关的经济衰退期间里损失了 2.7%。

当然，上述这些观点绝不是对利差交易回报和实体经济之间经验

㊀ 在这两种情况下，都使用美国 GDP 和工业生产值作为全球实际活动的指标。

关系的定论。在某些情况下，货币利差交易的回撤可能会先于实体经济放缓或者触发它。例如，由于利差交易已成为全球信贷创造过程中的一个非常重要的渠道，当信贷收紧时，利差交易回撤可能会在几个季度后引发经济衰退。这就需要在单个国家的基础上，更为详尽地研究利差交易和信贷之间的领先－滞后关系。上一章的相关内容已经为这种滞后关系提供了间接证据，至少在主要的接受利差交易资金经济体的情况的确是这样。

在本书后面的第 8 章里，我们认为广义上，利差交易是当今商业周期的驱动力。但金融市场已变得越来越复杂，利差交易（卖出波动率的交易）可以在所有不同的市场进行：股市、信贷市场、大宗商品市场，甚至房地产市场，以及外汇市场。各种利差交易之间的相关性不一定会随着时间的推移而固定不变，例如，尽管标普 500 指数的利差交易正在扩大，大宗商品市场的利差交易却可能会崩溃，至少在一段时间内是这样。即使现在利差交易在最广泛的意义上决定，或者至少是强烈地影响了商业周期，也不能确定任何一种类型的利差交易将与经济非常明显地相关。本书后面的内容将会进一步深入地探讨这一点。

然而，尽管有这一理论，但其提出的证据确实表明，当货币利差交易策略表现不佳时，股市波动性往往会激增。为了进一步证实这一点，我们研究了月度货币利差交易回报与 CBOE 编制的简单股票市场利差交易策略指数的相关性。

CBOE（CBOE）创设了各种简单的期权策略指数[1]，其实际基础

[1] 参见 http://www.cboe.com/products/strategy-benchmark-indexes。

是期权价格隐含的波动率往往高于期权有效期内实际发生的波动率（这是期权波动率结构的一个特征，本书将在第 9 章中进行深入解释和研究）。我们在这里研究的两种策略都是利差交易策略，因为它们涉及卖出期权以赚取期权费，当股票市场的波动率低于期权价格所隐含的波动率时，它们是有利可图的[⊖]。换句话说，这些策略就是在做空波动率。图 4-4 跟踪了货币利差交易策略收益与这些不同策略指数在过去五年中月度变化之间的相关性。

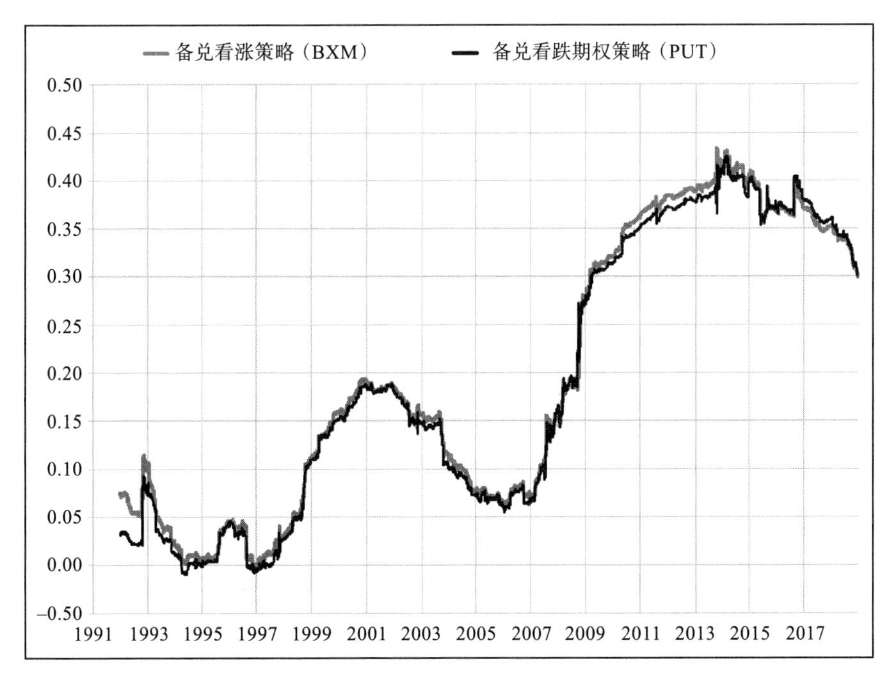

图 4-4　货币利差交易回报与 CBOE 做空波动率策略的相关性

资料来源：数据流，全球金融数据，作者的计算。

⊖ BXM 策略买入标普 500 指数投资组合，并卖出该指数的近月看涨期权。PUT 策略使用备兑的货币市场账户卖出标普 500 指数看跌期权。

CBOE 策略指数存在的本身就很有意义。CBOE 在 2002 年创建了第一个波动率空头策略指数，并一直在持续扩大其应用范围。通过提供历史数据来估计各种策略的潜在回报和风险，从而捕捉波动率风险溢价，CBOE 这么做显然是在回应从业者越来越大的兴趣。

图 4-4 表明，在我们回溯测试的第一个 10 年中，货币和股票利差交易之间没有太大的相关性。这与前一节的模式一致，前一节的研究认为，1986 ~ 1995 年期间 10% 的回撤与标普 500 指数波动率的峰值无关。

图 4-4 还揭示了相关性随着时间的推移呈上升趋势。当把 2008 年全球金融危机的数据纳入计算时，这种相关性大幅上升，但即使将这个时期排除在外，相关性仍保持在较高的水平。当仅观察发达国家货币的利差交易时，也会发现存在同样的模式，因此，利差交易与股市波动的相关性再次增强，并不是因为将新兴市场加入利差交易投资组合。

学术研究支持如下结论，即美国股市波动已成为货币利差交易回报的重要驱动因素。在 2012 年的一篇工作报告中，经济学家里卡多 · 卡巴斯特罗（Ricardo Cabastero）和约瑟夫 · 多伊尔（Joseph Doyle）设计出一种名为“波动率指数期货展期（卖近买远）”的重要策略（本书稍后将详细讨论）[⊖]。波动率指数展期策略能一直从做空标普 500 指数波动率中获利。他们发现，货币利差交易投资组合的大部分回报可以用持有这个标普 500 指数波动率策略的有效空头部分来解释。

⊖ 参见 Ricardo J. Caballero and Joseph B. Doyle, “ Carry Trade and Systemic Risk: Why Are FX Options So Cheap? ” Massachusetts Institute of Technology Department of Economics Working Paper 12-28, December 2012。

由于数据受限于波动率指数期货合约的可得性，因此从 2004 年开始，相关的研究无法告诉我们，这种与标普 500 指数波动率的联系是否像数据所显示的那样，仅仅是过去 20 年的特征，还是一直存在。

本书的观点是，从实证分析上看货币利差交易回报和美国股市波动率之间的联系是一个相对较新的现象，说明金融市场日益一体化。货币利差交易是通过做空波动率进行的，但直接影响波动率的应该是汇率的波动。实证研究表明，随着标普 500 指数日益成为金融市场的核心，其波动率对所有利差交易策略都很重要，这意味着未来进行利差交易平仓可能会在更大程度上影响到所有资产类别。这是非常重要的观点，也是本书后面所讨论的核心。

随着利差收窄，货币利差交易回报降低

最近几年，货币利差交易业绩较差的同时，全球利差也在变小，发达国家市场尤其如此。图 4-5 根据货币远期利率数据绘制了一个月里最高和最低隐含利率之间的差异。在相关样本的第一个 10 年期数据间，发达国家市场间的利差很大。事实上，其大小与我们最近在新兴货币中看到的类似。

其中一个原因是意大利货币里拉的存在，由于长期以来的高通胀历史，意大利里拉的利率较高。然而，这个解释并不全面。从 1986 年到 1998 年，虽然意大利在发达国家中的利率最高，但也只有 31% 的时间是最高的。新西兰和澳大利亚大约有一半的时间利率是最高的，英国也是一个经历过异常通胀率高的国家，在大约 8% 的观测数据中，

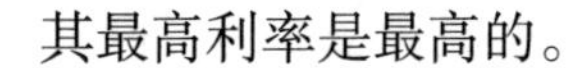

其最高利率是最高的。

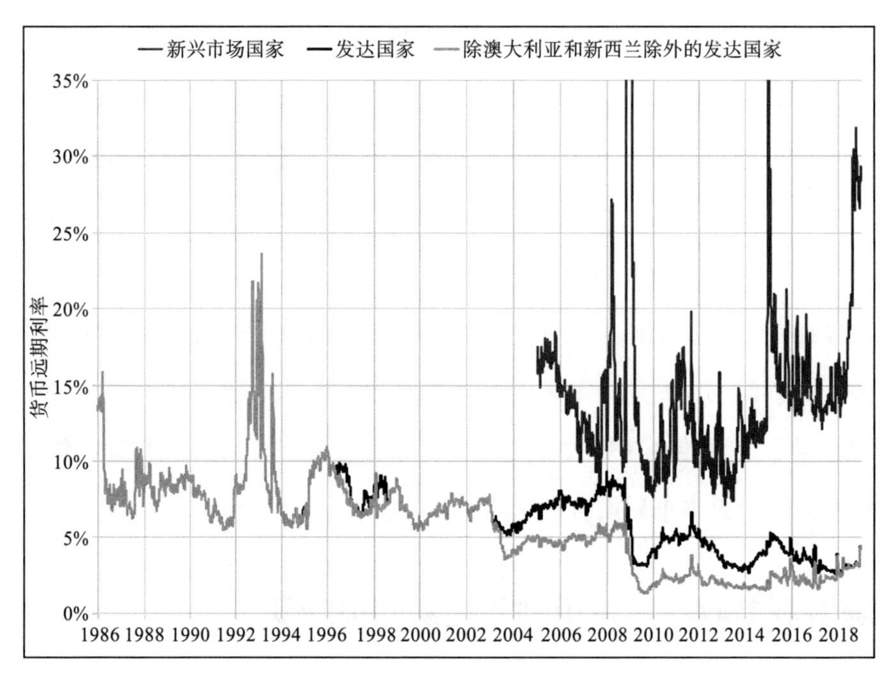

图 4-5　最高和最低利率之间的利差

资料来源：数据流，全球金融数据，作者的计算。

至少在 2018 年之前[㊀]，澳大利亚和新西兰的利率一直高于其他大多数发达国家。事实上，如果将这两个国家从样本中剔除，可以看到，自危机以来，最高和最低利率之间的利差大多低于 3%，在某些情况下甚至低于 2%。发达国家货币利差交易的盈利机会在过去 40 年里大幅缩水，近年来处于历史低点。

通过观察投资组合回溯测试的实际收益，就可以直接观察这种机

㊀ 自 2016 年末以来，新西兰货币远期隐含利率一直非常密切地跟踪美国利率，有时略高，有时略低。

会的缩小。利差就是投资组合多头头寸赚取的利率减去空头头寸的隐含借款成本。图4-6给出了一个投资组合，它每用1美元资本做多1美元，就同时做空1美元。相比之下，我们的标准回溯测试使用5倍于此的头寸数量，因此利差交易规模将会放大5倍。但之所以选择这个来演示是为了使交易规模保持在相近的量级上，也可以更直接地与前述有关最高和最低利率之间差额的原始图表进行比较。

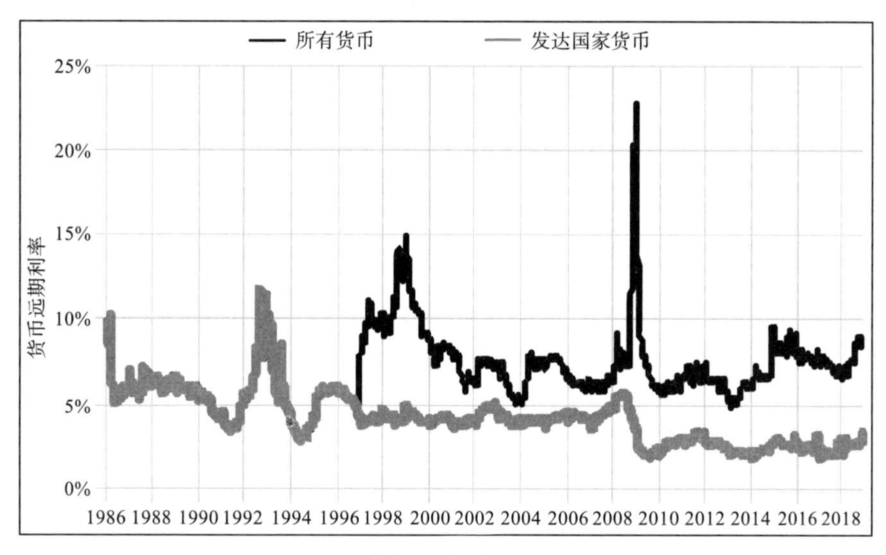

图4-6　无杠杆的货币利差交易策略

资料来源：数据流，全球金融数据，作者的计算。

随着全球金融危机后短期利率暴跌，发达国家货币的利差交易组合逐渐减少，自那以来一直保持在低位。事实上，这可能高估了利差交易规模，因为它假设一些空头头寸（即借款）可以采用负利率实施。当然，实际借款成本可能高于远期汇率数据所暗示的水平。如果假设零利率政策有一个下限，那么最近几年的利差交易将减少1%。

从业者会如何应对这种利差收窄的情况？一种可能的应对措施就是继续使用更多杠杆进行利差交易。最近几年的货币波动与我们前20年数据的回测结果非常相似，而且货币之间的相关性还要略高一些。因此，提高发达市场利差交易投资组合的杠杆无疑会增加风险，甚至会大幅增加风险，例如利差交易驱动资金流入澳元和新西兰元等货币，并导致这些货币的波动率创出历史新高。

发达国家市场对利差收窄现象的另一种应对措施就是，对新兴市场货币更积极地采用利差交易策略。图4-5和图4-6表明新兴市场货币之间的未调整利差并没有像发达市场那样收窄，因此包括新兴市场的投资组合的利差交易规模并没有缩小。事实上，假如没有对所有数据使用流动性过滤机制（参见本章末尾的专栏“货币利差交易回溯测试”），即只有当货币达到一定的交易量阈值后，我们分析的样本才被允许计入模型，利差交易策略的实际应用范围应该会更广。

尽管如此，超过我们所定流动性阈值的新兴市场货币数量仍然远远低于发达国家货币。根据BIS的数据，发达国家货币的每日成交量中值约为新兴货币的三倍，按发达国家货币计算的每日总交易量是新兴市场货币的五倍。如果从业者对利差收窄的应对措施是将更多货币利差交易风险配置在新兴市场货币上，那么现在利差交易投资组合的流动性风险要比过去大得多，我们可以预期未来交易平仓将会对这些国家的汇率产生相当大的影响，这一点已经日益明显，例如2018年土耳其里拉就出现了戏剧性的崩盘。

利差交易投资组合头寸与 BIS 的数据一致

第 2 章和第 3 章分析了 BIS 的数据，这些数据表明，澳大利亚、巴西、中国、印度、印度尼西亚和土耳其是近年来最重要的利差交易资金接受国。尽管不太精确，但这是基于银行资产负债表对利差交易资金流动的直接估计。BIS 的数据并不令人意外，因为这些货币在前述的货币利差交易组合中一直显示为大量的多头头寸。

表 4-2 给出了在相关研究中该投资组合最后五年里的平均最大多头头寸。这些国家总共约占所持多头的一半。更广泛地说，在研究中最后 10 年的数据里，略低于三分之二的净多头是新兴市场货币。换句话说，货币利差交易的一个重要结果就是将发达市场国家货币的借款资金引入到新兴市场货币上来。

表 4-2　2014 ~ 2018 年利差交易组合中最大货币多头的平均比重

国家	土耳其	巴西	俄罗斯	南非	印度	墨西哥	印度尼西亚	中国	新西兰	马来西亚	澳大利亚
多头平均比重（%）	11.8	11.4	10.9	9.6	9.5	8.0	7.2	6.5	5.4	5.4	4.2

资料来源：数据流，全球金融数据，作者的计算。

在发达国家市场上，澳大利亚和新西兰一直是利差交易资金的接受国，这也与 BIS 的经济数据一致。只使用发达国家货币数据的回测显示，在过去 10 年里超过一半的多头头寸配置给这两个国家。即使在包括新兴市场货币的全球利差交易策略中，这两个国家货币的头寸也表现为净多头头寸。

货币利差交易的历史教训

正如在前几章中所讨论的那样，利差交易的本质就是杠杆交易，我们将在随后的章节中进一步探讨。历史回测结果告诉我们，从交易策略角度出发，货币利差交易需要使用大量的杠杆，也就是说总头寸至少是资本的 10 倍，才能产生与传统资产类别相比具有竞争力的绝对回报水平。此外，自 2008 年以来全球利差的收窄可能会促使货币利差交易使用更多杠杆。

这些从市场上观察到的情况很重要，因为杠杆策略回撤的动态机制本身十分重要。特别是，使用杠杆就意味着，即使是头寸价值的轻微变化也可能会导致损失全部本金，因此当触及某些阈值时，风控制度安排将被迫使关闭交易。风险控制可能来自内部安排，也可能由要求提供额外抵押品来弥补损失的贷款方（银行）强加给交易经理。无论在哪种情况下，都很容易发生类似“银行挤兑”的连锁反应，例如亏损导致头寸价值降低，迫使基金经理在不利的市场情况下进行交易，而且对许多新兴货币而言，相关市场此时的流动性往往不好。这类活动会引发进一步的损失，这又造成需要更多的减仓操作，这种循环会一直持续下去，直到汇率波动达到极端程度，以至于可以吸引那些没有使用杠杆的交易者入市交易，或者央行被迫进行干预来稳定状况。“破产风险”这个概念对于理解利差交易是至关重要的，后面的章节也将对此进行更深入的讨论。

在某种程度上，与过去相比，当前货币利差交易的杠杆比率更高。

可以预见，未来利差交易崩盘仍会遵循这个剧本来发展，只不过程度上会更加激烈。新兴市场经济体对此感受应该最为强烈，这些市场与澳大利亚和新西兰一样，是主要的利差交易资金接受国。最近能证实这一点的案例是2018年7月至8月土耳其里拉的崩盘，这在上一章末尾已经进行了研究。

巴西过去几年的经验也大致符合这种模式。巴西一直是一个主要的利差交易资金接受国，因此它是我们分析相关动态机制的首要候选国。其货币在2014年末开始转向盯住美元，这个贬值过程最终演变为崩盘。2015年初，巴西雷亚尔兑美元在短短两个月内贬值超过20%，在当年夏天的一个类似时间窗口中又再次下跌超过25%。由于利差交易目前在信贷创造中扮演着重要角色，可以预见的是，引发利差交易崩盘将会造成比过去更为严重的后果，即实体经济下滑。巴西和土耳其的遭遇会再次起到警示作用：巴西在2015年和2016年之前的每个季度都处于衰退之中，这两年经济总量合计萎缩了8%。土耳其的命运很可能与此类似。

总而言之，我们可以得出货币利差交易策略包含大量的小额收益以及偶尔会出现大额亏损的结论。特别是在过去20年里，利差交易的回撤往往与金融市场表现糟糕的时期不谋而合。也有证据表明，货币和股市利差交易之间的关联性越来越强，这表明单一的全球波动风险因素可能也是未来各种形式利差交易的驱动因素。若真是如此，未来的利差交易崩盘可能会同时影响所有资产类别。本书后面的章节将会给出这个单一全球波动风险因素的性质。

利差交易崩盘的后果可能比过去更为严重，因为利差缩窄可能会增加货币利差交易组合中本已相当大的杠杆。可以预期，新兴市场对利差交易回撤将会特别敏感。回溯测试的投资组合在设置上已经大体上模拟了基金经理的行为，它将从发达经济体借来的资金持续引导到新兴市场经济体。BIS 有关银行资产负债表的数据表明，这种情况的确在现实世界中大量出现。然而，与对照的发达国家市场货币相比，新兴市场国家货币的流动性往往要差得多，就像在巴西和土耳其看到的那样，可能需要大幅贬值才能应对利差交易的平仓。

专栏：

货币利差交易回溯测试

这里使用 1986 ~ 2018 年的数据进行测试，这些数据包括长达 33 年的每日数据和至少由 10 种货币构建的投资组合。由于在每日数据中存在着大量的干扰信息，我们使用与科恩（Koijen）、莫斯科维茨（Moskowitz）、彼得森（Pedersen）和弗鲁格特（Vrugt）在跨资产利差交易收益的研究中使用相似的算法来对数据进行清洗[㊀]。

测试需要每日的即期汇率和一个月的远期汇率数据。此外，结合 BIS 三年一度的外汇成交金额调查，该货币必须至少占全球外汇成交额的 0.2%。根据 BIS 最近一次在 2016 年进行的调查，这个要求意味着该货币至少需要约 100 亿美元的日成交额。0.2% 的门槛不完全是随意制定的，选择这个数字是为了处理如下两个问题。首先，我们希望测试的组合是一

㊀ 参见 “Carry,” Journal of Financial Economics, 2018, vol. 127, no. 2, 197–225。

种可以在真实市场上以合理规模实施的策略。这种限制有助于消除低流动性的高利率货币，把这些货币纳入研究可能会使回溯测试的组合收益高于实际交易所能实现的收益。与此同时，我们想要研究包括至少最近几年内被认为是主要利差交易资金接受国的货币。该成交额限制主要影响过去20年的新兴市场国家，但也在样本的前半段时间里排除了爱尔兰、葡萄牙和芬兰等欧洲小国。其他符合我们标准的传统欧洲货币，如法国法郎和意大利里拉，则被包括在样本中。我们认识到，这可能会导致在欧元形成之前的几年里，组合测试的收益产生向上偏差。然而，从20世纪80年代和90年代在外汇市场的亲身经历来看，我们知道这些货币的确是利差交易策略的一部分。

在选择杠杆比率作为一个独立进行调整的参数的情况下，构建的投资组合是多空均衡的。投资组合的权重基于各货币与美元利率差的大小。例如，在给定的时间点，日元的投资组合头寸为：

日元权重 = 目标杠杆比率 ×[日元排序 –（货币总数 + 1）/ 2]

我们每天都会对货币进行重新排序，并重新平衡投资组合，但会增加两天的执行延迟，从而确定实际的投资组合再平衡过程不是瞬间发生的。每笔交易都会收取交易费用。交易成本因货币而异，低至日元的3个基点，高至俄罗斯卢布的2%。我们认为这是一种重要的简化，因为实际的交易成本会随着时间的推移和交易规模的不同而变化。

大多数从业者会使用货币波动率和相关性的估计来构建风险调整后的投资组合权重。我们选择不这样做的原因是不想让结果受到如何估计波动率和相关性，以及如何将它们合并到优化框架中这些选择的影响。

我们使用1个月远期汇率隐含的短期利率来计算利差，并通过取过去20天的平均值进行平滑。平滑过程中消除了数据中偶尔出现的、从业者不太可能对其采取行动的数据峰度[㊀]。最近，一些研究记载了如下事实，即远期外汇市场的隐含利率与银行间市场报告的利率不匹配。这违反了抛补利率平价关系，长期以来这被认为是无法持续的，因为它似乎创造了一个无风险的利差交易机会。然而，由于大多数货币利差交易策略都是通过远期市场来实现的，我们认为本方法仍然反映了交易员实际可获得的汇率。我们认识到，这个假设可能会在回测结果和实际收益之间造成差异。

㊀ 峰度（kurtosis）又称峰态系数，表示概率密度分布曲线在平均值处峰值高低的特征数。样本的峰度是和正态分布相比较而言，如果峰度大于3，峰的形状比正态分布的峰要尖。峰度高就意味着方差增大是由低频度的大于或小于平均值的极端差值引起的。——译者注

The Rise
of Carry

| 第 5 章 |

从事利差交易的机构

机构负债的性质

来自金融和经济统计数据以及金融市场行为的证据表明，利差交易在全球金融市场已经变得更加普遍。在本书中我们给出的解释是，利差交易广义上包括所有类型的卖出波动率交易，它已经成为主导全球金融市场的力量，进而成为主导全球经济的决定因素。如果不理解利差交易，就不可能理解商业周期以及全球经济行为。

本书主要解释了利差交易泛滥的理论基础，分析了相关实证数据，并对其后果进行了预测。我们对诸如实际运作利差交易的机构等具体的细节关注较少。然而，实际上根据定义，利差交易的泛滥必然与各种类型金融机构的发展密切相关，这些金融机构的结构决定了它们从事利差交易的动机。此外，我们可以假设，随着利差交易已经成为金融市场的主要驱动力，金融机构和其他业务已经在逐渐发生变化（也许新的业务已经出现），主要是为了更好地利用利差交易崛起的局面。

哪些类型的金融机构可能是利差交易的行为主体？首先，我们可以考虑它们的负债性质、薪酬结构，以及使用的杠杆数量，这些都是决定进行利差交易动机和能力的重要因素。

在上一章中我们看到利差交易回撤往往发生在市场的“危机时期”，即以资产价格下跌和波动率上升为特征的金融市场动荡时期。在其他条件相同的情况下，这时的回报乍一看似乎并不具吸引力。我们中的大多数人更愿意采用在不景气时期投资于表现良好的资产的策略。事实上，发挥这种避险作用的资产，如德国国债，最近正以负收益率交易。投资者愿意付费持有它们，部分原因是它们能为防范危机时期提供保障。

另外，利差交易者应该因为接受了大多数人都不愿意接受的交易而获得奖励[⊖]。哪些机构最有资格赚到这笔钱？由于利差交易在不景气时期会出现回撤，理想情况下，利差交易机构的负债要么期限非常持久，要么至少在不景气时期负债不会大量增加。

⊖ 利差交易策略也能因为提供流动性而赚取收益，本书后面的内容将会深入讨论这一点。我们注意到目前还很难将利差交易和流动资金收益区分开。

薪酬激励和杠杆的重要性

我们将利差交易描述为一种只要“不发生任何事情”就能赚钱的策略。正如上一章所示，外汇利差交易就提供了相对稳定的回报，但其间不时会出现大幅亏损。相反，做空利差交易（即波动率多头交易）则具有相反的特征，即稳定的损失会被偶尔的大幅收益所抵消。

需要短期报告收益的机构有采用利差交易策略的动机，因为它们需要定期报告盈利情况。从心理学上讲，每个人心里都有一本具有类似利差交易属性的交易账簿，报告频繁出现小额收益和偶尔的大额亏损，要比不断地用承诺未来获得大额收益来解释小额亏损要容易得多。

如果公司实际上根据财务报告的利润来收取现金报酬，那么这些激励措施效果就会特别强烈。如果员工薪酬采取类似的形式，则会进一步带来利差交易的压力。如果交易员或投资组合经理根据季度或年度损益获得现金奖励（即便他们的账面随后亏损，已发的薪酬也不用返还），他们将强烈倾向于具有类似利差交易现金流的策略。

杠杆会放大回报，由于利差交易策略偶尔会出现严重的回撤，因此对它们使用杠杆会显著增加破产的风险。在某种程度上利差交易不可避免地会使用杠杆。对于那些管理自有资本的人来说，这就意味着杠杆利差交易策略似乎没有吸引力。然而，对于充当代理人的职业经理来说，他们代为管理着大笔财富，因此计算所要考虑的利益是不同的。采用杠杆的专业交易策略很可能会被用来进行利差交易。

要理解这样做的原因，就需要深入思考管理反向利差策略的机制。

根据定义，这些策略大部分时间都是赔钱的。当杠杆策略亏损时，它会带来增加“总风险敞口”的效果，该指标用可控资产与资本的比率表示。由于总风险敞口被贷款方用作风险衡量指标，如果它增加得太多，交易员将被迫把风险敞口缩减至可接受的水平。在出现利差交易崩盘时，这会降低反向利差交易者最终实现盈利时可以赚取的利润额。事实上，如果利差交易崩盘的时间间隔很久，那么反向利差策略的杠杆交易者可能会被迫结清头寸，永远无法盈利。因此，管理杠杆投资组合就有强烈的做多动机。利差交易的这些特征将在第 9 章有关波动率和期权特性的内容中进行更为深入的讨论。

此外，要将利差交易的绝对预期回报率提高到人们认为有吸引力的水平，往往需要加大杠杆。回想一下最近这十年里可能很典型的利差交易策略，即以 1% 的利率借入美元，以 4% 的利率投资于新西兰元存款。在没有额外杠杆的情况下，如果汇率不变，这类交易的年回报率为 3%。由于专业的基金经理和机构投资者通常会有更高的回报目标，利用杠杆可以让回报目标对利差交易者产生绝对的吸引力。简而言之，如果不使用高杠杆，许多利差交易就不会有吸引力，任何使用杠杆的人都不太可能会首先考虑做空利差交易（做多波动率）。

这个现实带来了利差交易的一个致命特征。杠杆增加了破产的风险，而利差交易使用杠杆。因此，利差交易的回撤可能会导致一些参与者面临破产的风险。这意味着总体上，利差交易的增长可能会给金融体系带来系统性风险。因此，各国央行作为最后贷款人将会来越多地参与进来，并且与利差交易增长不谋而合，它们紧密地联系在一起，这并不让人意外。

对冲基金是重要的利差交易行为主体

对冲基金在负债、薪酬结构和杠杆这三个指标上表现如何？它们可能是利差交易的行为主体吗？它们的负债状况当然不适合进行利差交易。对冲基金的负债大致可分为所有者资本、投资者资本和短期借款。其中存续期最长的是所有者资本，虽然它有时可以代表所有者净资产的一大部分，但通常只占总负债的一小部分。

投资者资本的重要性要大得多，通常可以每季度或每年提取一次。有被称为“交易冻结”的控制措施，旨在防止投资者的短期挤兑，但这类工具在 2008 年金融危机期间被证明基本无效。第三类负债是短期借款，被用于放大收益，银行通常可以在很短的通知时间内收回借款。因此，对冲基金的负债在很大程度上是短期的，至少按照这个标准，对冲基金似乎不是采用利差交易策略的好工具。事实上，可以更进一步地说，由于存在短期负债，对冲基金是追逐利差交易的危险参与者。而且值得注意的是，如果基金所有者有很多属于自己的钱处于危险之中，他们并不会这样做。但随着对冲基金变得更加规范化，所有者管理的资金大多是其他人的，反而更有可能促使其追捧利差交易策略。

虽然对冲基金的负债状况不利于进行利差交易，但相反的是，其薪酬结构却对此有强烈的激励效应。对冲基金每年都会收取会计收益的一部分作为利润份额，历史上这个比例一直是 20%。一种策略如果在前四年内有稳定的会计收益，然后在第五年出现亏损，那么仍然会产生相当于前四年的利润份额。即使第五年的亏损抹去了之前的收益，这些利润也不会返还。在这种会计报告和收费结构下，对冲基金被类似利差交易的策略所吸引，是合乎逻辑的。

此外，同样的激励措施也适用于受雇于基金的个人交易员或投资组合经理。交易员的奖金几乎总是与他们控制的投资组合表现相关。事实上，交易员之所以被对冲基金吸引，正因为主要是薪酬在驱动着他们的个人业绩。一旦兑付了现金奖励，即使随后的结果抹去了之前的收益，兑付的奖金也不需要返还。出现这种情况并不是偶然的，这与该公司从客户那里收取报酬的方式密切相关。因此，公司和其中的个人作为一个整体都有追求类似利差交易策略的动机。

评估一家机构追逐利差交易的可能性的第三个标准是，是否存在杠杆。事实上，几乎所有的对冲基金都使用杠杆，尽管各公司使用的杠杆数量规模存在巨大差异。这会再次导致对冲基金倾向采用利差交易策略。

这里附上几条很重要的警示性说明。作者拥有、管理过对冲基金，并作为客户与它们进行过合作，仍然意识到前面这些描述仍只是泛泛之谈。尽管如此，使用杠杆和薪酬模式的综合影响仍在激励整个对冲基金行业做多利差。

对冲基金开展利差交易的启示

20 年前，对冲基金在金融市场上只是微不足道的参与者。根据对冲基金研究公司（Hedge Fund Research，简称 HFR）的数据，截至 1996 年底，对冲基金公司管理的资产约为 1200 亿美元。这意味着它们控制着全球不到 0.25% 的股票和债券市场。目前这个行业已经不再渺小，据 HFR 估计，到 2018 年底，对冲基金管理的资产（assets under management，AUM）为 3.1 万亿美元，比 1996 年增长了 25 倍。相比之下，同期全球股市市值大约增长了两倍。此外，另外两个因素也放大了对冲基金的影响力：杠杆和交易频率。

杠杆的使用意味着对冲基金控制的证券比其资产管理规模所代表的证券要多得多。这一点在 1998 年表现得最为戏剧性，当时对冲基金业的金字招牌 LTCM 出人意料地破产了。那年伊始，LTCM 管理着略低于 50 亿美元的资金，但估计杠杆比率为 25 : 1，它控制着价值 1250 亿美元的证券。

杠杆效应不仅使对冲基金控制下的资产成倍增加，而且还直接压缩了犯错的空间，进而使投资组合变得更加不稳定。一个高杠杆的投资组合即使出现相对较小的亏损，也可能引来追加保证金的通知。为了满足追加保证金的要求，就必须平仓。由于通常是在不利的市场条件下进行平仓，可能会引发被迫抛售的恶性循环。换句话说，LTCM 控制的 1250 亿美元证券比传统投资者控制同样数额的证券要不稳定得多。虽然 LTCM 使用杠杆十分极端，但同样的原则也适用于任何使用杠杆的投资组合；特别是在经济不景气时期，它对市场的影响以及不稳定性都会增加。

交易频率的作用就像杠杆一样，因为它也会放大对冲基金所控制证券的市场影响。交易非常活跃的证券组合频繁冲击市场，不仅影响价格也会影响流动性。例如一家对冲基金每个月都结转其持有的资产，相当于一年里将拥有12个独立的投资组合。就其对价格的影响而言，这只基金可能是一只更为传统的基金的10倍或20倍，而后者往往会长期持有证券。

杠杆和高频交易相结合，使得对冲基金的影响力甚至比其整体资产管理规模所暗示的更大。如果说行业整体资产规模在过去20年里增长了25倍，那么对冲基金对市场的影响力增加的幅度就更大。考虑到做多利差策略存在结构性的激励，在过去20年里，相对于全球市场的规模和影响，利差交易出现类似的增长就不足为奇了。

主权财富基金是利差交易策略的天然候选者

在过去20年里，另一类在规模和影响力方面都显著增长的机构是主权财富基金。根据主权财富基金研究所（Sovereign Wealth Fund Institute）的数据，截至2018年底，主权财富基金的资产管理规模约为7.5万亿美元，而1996年底仅为5080亿美元。

主权财富基金的增长对利差交易增长的贡献有多大？从负债结构上看，主权财富基金是理想的利差交易工具。它们有多种形式，但通常都有一个共同的特点，那就是拥有超长期限的负债。例如，挪威政府全球养老基金是为投资该国原油收入而设立的基金。其2017年年报列出了价值1.07万亿美元的资产。相应97%的负债被归类为“所有者资本”，本质上是期限非常长的股权。虽然挪威确实计划使用这笔钱中的一部分来最终取代石油收入，但这些负债在很多年后才会到期。

由于在市场表现不佳时没有出售资产的压力，挪威的主权基金在使用利差交易策略投资上处于有利地位。实际上，它委托了三位著名的金融学者撰写一份关于自身管理的报告。他们明确指出，该基金负债的性质应该是推动其投资战略的因素。他们认为外汇利差交易就是符合这个特点的交易策略之一。

此外，主权财富基金有能力在它们认为合适的地方使用杠杆。这意味着，如果发现了看似有吸引力的利差交易，它们就有能力增加这些交易的杠杆，以产生与长期回报目标一致的预期回报。此外，由于它们有着强健的资产负债表，它们有能力安然度过利差策略的短期回撤，这使得它们更有可能获得到全周期的回报。

另外，由于它们没有外部股东，而且大多数情况下很少或根本不披露业绩（挪威是个例外），因此没有追求定期产生正回报策略的压力。它们也不会像对冲基金那样获得利润分成的补偿。按照这个标准，主权财富基金没有进行利差交易的动机。

总体而言，许多主权财富基金很可能会利用它们的负债结构和能力，利用杠杆来进行利差交易。有人甚至会辩称，它们是市场天然的保险提供者，有着强健的资产负债表，因此比对冲基金更适于采用利差交易策略且更安全。

大多数捐赠基金和基金会与主权财富基金一样，有长久期的负债。它们通常认为自己是永续性机构，并且着眼于每年只花掉基金资本的有限部分。这个数额通常采取不变的比例并由相应的规则管理。这意味着负债不会随着金融周期的上升或下降而上升或下降。从理论上讲，这适合利差交易策略。

然而，与主权财富基金相比，捐赠基金拥有更多的监督和公众问责机制。它们的规模更小，目标更多样化，投资风格更保守。此外，正是因为它们希望限制出现永久资本损失的风险，许多公司对使用杠杆有限制。总而言之，这些注意事项对它们来说更为重要，因此我们并不认为这些机构是重要的利差交易主体。再次重申，以上只是一种笼统的说法；毫无疑问，一些较大的捐赠基金，特别是那些拥有内部投资人员的捐赠基金，确实参与了利差交易。不过，我们不认为它们是利差交易策略长期增长的重要结构性来源。

全球投资银行自营交易突显了薪酬激励的威力

在 2014 年实施沃尔克法则（Volcker Rule）之前，投资银行运营着非常大的自营交易部门[⊖]。沃尔克法则要求银行关闭大多数自营交易业务。当然，大量的薪酬制度普遍采用年度奖金与盈亏挂钩的结构，随后的亏损无须进行“返还”。这为这些机构创造了巨大的动机，让它们拥有具有利差交易特征的交易总敞口。

有趣的是，投资银行的负债状况与理想的利差交易结构正好相反。它们的负债中只有很小一部分是股权。即使包括长期债务，也不能改变这样一个事实，即大多数债务本质上都是短期的，这意味着利

⊖ 这里使用“投资银行”这个词是不严谨的，因为大多数规模较大的全球投资银行或被转变为银行控股公司（如高盛、摩根士丹利），或被银行收购（如美林、贝尔斯登），或关闭（如雷曼兄弟公司）。瑞银（UBS）和德意志银行（Deutsche）等欧洲“全能”银行一直既从事商业银行业务，也从事投资银行业务。

差交易策略在表现糟糕的时期很容易出现负债挤兑进而导致表现进一步恶化。

事实证明，2008 年对于利差交易策略来说是糟糕的一年，这一年恰逢投资银行面临负债挤兑，结果就是史无前例的全球性金融危机。这些机构尽管背负着不适合利差交易策略的负债，但仍在从事相关交易，这说明了薪酬激励在推动投资战略方面的影响力。

2014 年以来，投资银行自营交易规模有所缩减。坊间有证据表明，许多自营交易团队只是加入了对冲基金。其他人则认为，“自营”头寸仍然存在，但更好地隐藏在银行账簿法规允许的其他部分中。这些说法并不容易证实。鉴于沃尔克法则和监管机构日益关注系统性风险，过去几年银行似乎不太可能成为利差交易增长的重要来源，今后这一点也不太可能改变。

私募股权杠杆并购也是一种利差交易

到目前为止，我们从激励机制的角度分析了机构参与利差交易的情况。对于私募股权杠杆收购，本书采取更直接的方式，通过分析利差交易的核心经济特征——流动性供应、杠杆和短期波动性，来解释这些私募股权基金所具有的相同特征。

“利差交易”一词暗示的是时间跨度相对较短的交易。事实上，在第 4 章评估的外汇交易策略中，我们假设了每天的交易量。然而，那只是举例来说明，利差交易是由其风险性质来定义的，而不是交易的持续时间。典型的利差交易策略使用借来的钱来持有流动性较低的高收益资产。这正是专注于杠杆收购的私募股权基金所做的业务。它们将投资者资本（股权）与债务相结合，购买收益高于实际债务成本的公司投资组合。当然，它们的最终目标是以更高的价格出售这些公司，因此比起传统的货币利差交易，它们更关注资本收益。尽管如此，其基本特征仍是债务成本与所购标的资产回报之间的杠杆收益率差。

事实上，一些研究人员认为，一旦私募股权的回报据杠杆因素进行调整，它们的结果并不比公开市场的回报好多少。相关争论很难说已经尘埃落定，但若真是如此，这将意味着私募股权公司的所有者通过向投资者收取大量费用，来创建股票杠杆投资组合[⊖]。既然投资者可以自己轻松且低成本地构建杠杆股票投资组合，为什么还要为这类“服务”支付如此高的费用呢?

如果投资者真的增持了公开发行的股票，他们的投资组合风险(用回报的波动性来衡量）将会增加。投资私募股权基金则会产生相反的效果。为什么？原因是，私募股权公司在对其投资进行估值时拥有相当大的自由裁量权，这使得它们能够报告比公开股票平稳得多的回报，尽管它们持有的投资组合杠杆率更高。AQR Capital 的研究人员表示，即使使用可能的平滑因素进行调整，私募股权基金报告的 Beta

⊖ 根据 Stafford（2017）的观点，小盘价值型公司尤其如此。这是因为公司收购历来都专注于收益率高于平均水平的小公司。最近，随着收购基金吸引了越来越多的资本，它们一直在按照与上市公司相似的收益率（即估值）来收购较大的公司。参见 Stafford, E.,“ Replicating Private Equity with Value Investing, Homemade Leverage, and Hold-to-Maturity Accounting, ” Harvard Business School Working Paper, May 2017。

（本质上是私募股权回报与公开市场回报的相关性）也不到 1.0[1]。

这意味着，在像投资组合波动率这样的传统风险衡量标准上，从公募转向私募股权可以降低投资组合报告的风险。像 2018 年 12 月标普 500 指数下跌近 10% 那样短暂的市场回调，可能几乎不会反映在私募股权投资组合的回报中。即使是像全球金融危机期间那样的极端回撤也明显趋于平稳。例如，在 2008 年 10 月到 2009 年 3 月期间，标普 500 指数下跌了 31.6%。在同一时期，剑桥协会（Cambridge Associates）发布的私募股权基金回报指数仅降低了 18.8%。在接下来的两个季度里，标普 500 指数大幅上涨，回报率为 32.4%，而私募股权指数仅上涨了 10.6%。尽管私募股权指数包含流动性较差、杠杆率较高的公司，但在大萧条以来最严重的信贷危机中，私募股权指数的风险似乎比公募要低得多。

当然，如果标普 500 指数没有在 2009 年 3 月之后反弹这么多，那么私募股权估值最终将不得不赶上，或者更确切地说是“跌到”公开市场的水平。这种在短期内平滑回报并等待价值反弹的策略，类似于波动率空头所追求的押注于均值回归的策略，尽管在这种情况下，均值回归是在数月而不是几天的时间内实现的。然而，从经济学意义上讲，这种策略的头寸和风险类似于“逢低买入”，即卖出波动率策略，这在本书第 6 章和第 9 章已经有所解释。当然，卖出波动率也是利差交易的核心特征。

[1] 参见 A. Ilmanen, S. Chandra, and N. McQuinn, “Demystifying Illiquid Assets: Expected Returns for Private Equity,” AQR Whitepaper, February 2019。

本书的后几章还将谈到利差交易策略的另一个社会政治特点，即它是一种主要让内部人士（例如富人和有政治利害关系的人）获益的策略。私募股权当然也具备同样的特点，普通人无法投资私募股权，只有非常富有的人士和机构才能投资。即使在那些有资本投资私募股权的人中，也只有少数人能够接触到最成功的经理人。私募股权费用提取的价值，以及私募股权基金赚取的回报，也大多为内部人士所专有[㊀]。

因此，私募股权并购也可以看作是利差交易，相关交易价值的增长模式与我们对全球利差交易的估计类似。从 2005 年到 2007 年，交易额出现了爆炸性增长，随后在全球金融危机期间和之后出现了崩溃，最近又出现了强劲复苏的势头。所以并购行业是周期性的，点对点的比较可能会产生误导。尽管如此，现在这些交易中使用的资本规模要比 20 年前大得多。例如，根据每年编制该行业详细概览的贝恩公司（Bain and Company）的数据，过去五年是该行业历史上表现最强劲的五年，仅 2018 年一年就有 5820 亿美元的全球收购交易[㊁]。这几乎相当于 1995 ~ 2002 年期间的总交易规模。私募股权基金一直是利差交易泛滥过程的重要组成部分。

㊀ 如果投资私募股权的机构是代表养老金领取者这么做的，利差交易回报可能会累加到“普通人”身上。加拿大养老金计划等一些重要的私募股权投资者无疑就是这样做的。

㊁ 参见“Global Private Equity Report,” Bain & Company, 2010 和 2019。

企业正在开展利差交易

本章将重点放在金融机构作为潜在的利差交易机构上。近年来，也有证据表明，非金融企业也参与了利差交易。我们在第 2 章和第 3 章曾讨论过非金融公司在货币利差交易中的作用。

这个论点的另一个证据来源是 BIS 经济学家瓦伦蒂娜·布鲁诺（Valentina Bruno）和申铉松（Hyun Song Shin）在 2015 年发表的一篇论文[㊀]。布鲁诺和申收集了在美国境外注册的个人企业的数据，并跟踪了它们借入美元贷款的规模、时间和使用情况。他们观察到，虽然在新兴市场运营的公司在资产负债表上有留存现金，但仍借入了更多的美元。布鲁诺和申暗示，由于这笔留存现金可以用来为资本投资融资，增加美元借款的动机可能是从事纯粹的金融利差交易。

他们创建了一套用来衡量国内利差交易吸引力的指标，其中就有与美元的利差（根据汇率波动性进行调整），结果发现，当利差交易看起来颇具吸引力的时候，美元债券发行确实更为普遍。此外，这些美元债券发行所筹集的资金最终更有可能以现金形式持有。借入美元用以持有本币存款就是一种利差交易。虽然偶有例外，但布鲁诺和申得出的结论是，新兴市场公司从事类似利差交易的行为模式与此一致。

黄（Huang）、帕尼扎（Panizza）和波尔特（Portes）在 2018 年对中国的企业进行的更细分化的研究中也得出了类似结论[㊁]。他们基于

㊀ 参见 V. Bruno and H. S. Shin, "Global Dollar Credit and Carry Trades: A Firm Level Analysis," BIS Working Papers, No. 510, August 2015。

㊁ 参见 Y. Huang, U. Panizza, and R. Portes, "Corporate Foreign Bond Issuance and Interfirm Loans in China," National Bureau of Economic Research, April 2018。

盈利和风险的衡量标准对公司进行了细分，发现风险较高的公司“试图通过从事模仿金融机构行为的投机活动来提高盈利能力。”在利差交易收益率高的时候，这些公司更有可能发行美元债券，而且它们更有可能将这些资金转借给其他公司，而不是运用这些资金为资本项目提供融资。这种利差交易活动在2009年和2010年的新法规出台后大幅增加，这些法规旨在减少金融企业对“高风险”的经济部门进行贷款。由于金融企业发放信贷的能力受到限制，非金融企业开始充当影子银行[⊖]，用美元筹集资金，并将资金借给在其自身行业里经营的其他企业。

自全球金融危机以来，企业债券发行量（而不仅仅是外币债券发行量）大幅增加，这一直是一个引人注目的现象。以GDP的百分比衡量，美国未偿还的非金融企业债务将达到新的高度（图5-1），而且这发生在长期经济扩张的后期，当时GDP的水平可能高于其长期趋势。

这类发行的债务中有很大一部分是为公司回购股票提供资金（见图5-2）。在后危机时代的长期经济扩张中，美国非金融企业部门明显增加了自己的杠杆。这也可以被认为是构成了规模巨大的利差交易的一部分。分配的利润一直远高于平均水平。大多数金融观察家会说，高利润分配是一个非常积极的进展。然而，在后危机时期的低实际利率水平环境中实现高分红并非易事。经济学理论认为，资本回报率和

⊖ 影子银行包括投资银行、对冲基金、货币市场基金、债券保险公司、结构性投资工具（SIVs）等非银行金融机构。这些机构通常从事放款，也接受抵押，是通过杠杆操作持有大量证券、债券和复杂金融工具的金融机构。在带来金融市场繁荣的同时，影子银行的快速发展和高杠杆操作给整个金融体系带来了巨大的脆弱性，并成为全球金融危机的主要推手。

资本成本应该趋于相同。这反过来又意味着，鉴于实际利率水平非常低，长期投资预期回报率和股本回报率的表现会很差。

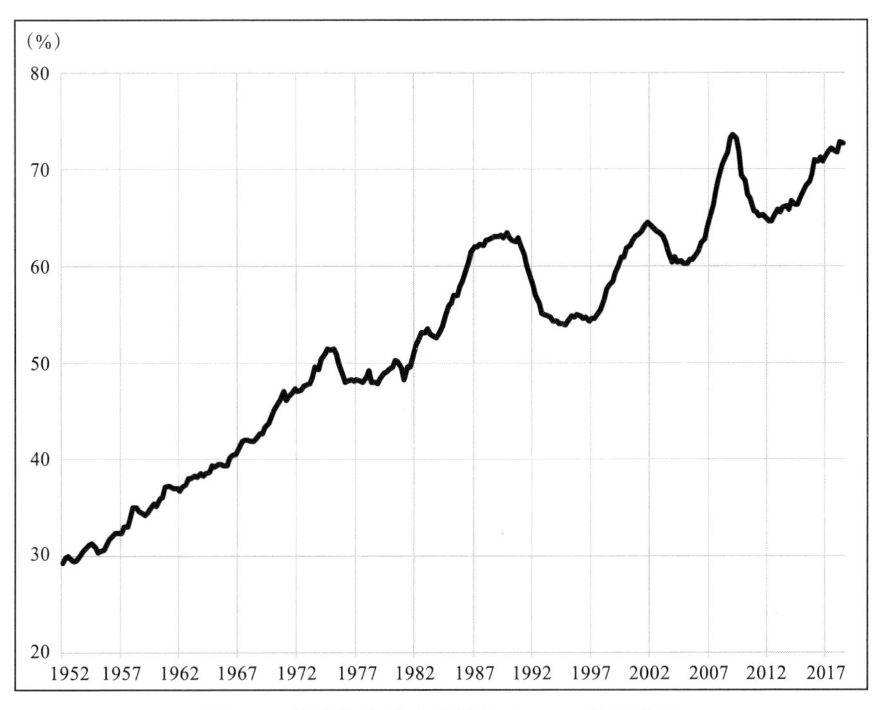

图 5-1 美国非金融企业债务占 GDP 的百分比

资料来源：美国联邦储备委员会（FRB），美国经济分析局。

我们会给出理由来说明，经济活动中的利润分配本身已经成为了某一种利差交易的函数（将在第8章中进一步讨论）。无论人们是否接受这个结论，结论似乎都很明显了，无论是以美元借款购买高收益本币资产的非美企业，还是以低利率借入资金用以回购自身股票的美国企业，或是利用自身借入极低利率的债务为高收益金融投资融资的企业，本身都是在从事利差交易。甚至我们有理由认为，非金融企业一直是后危机时期推动利差交易唯一重要的经济部门。

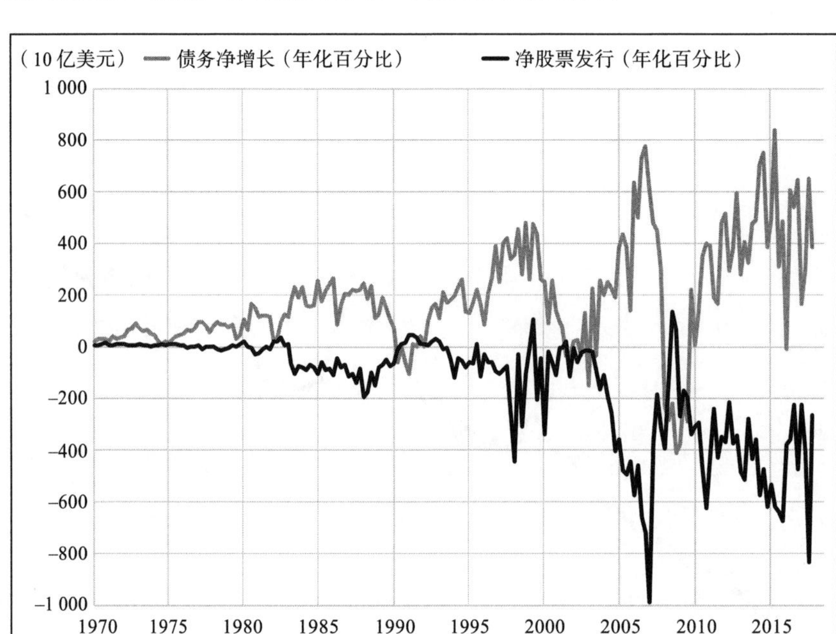

图 5-2 美国非金融公司债券发行和股票回购

资料来源：FRB。

全球金融市场的变革

在过去的二十年里，全球金融市场发生了翻天覆地的变化。对冲基金已经从小规模私人财富管理的细分市场的主导者，演变为大型机构资产管理公司。主权财富基金也已经成长为一支全球布局的力量，负责管理政府积累实体资本的长期资金池。这两种类型的机构都有从事利差交易的动机。最后，来自企业资产负债表的证据表明，新兴市场企业正在利用它们进入国际资本市场的机会，来开展自身的利差交易活动，而总体上企业部门一直在提高杠杆率。这些机构和企业的活动汇集在一起，共同成为利差交易结构性增长的重要推动力。除非最终利差交易崩盘改变了它们的行为动机，否则可以预见这种增长将会一直持续下去。

本书并未涉及现代金融市场的其他特征，这些特征也可能与利差交易的增长有关。高频交易公司（HFTs），顾名思义，依赖于由计算机算法控制的快速交易和对交易所的超高速访问。高频交易的大部分活动相当于做市交易，是典型的提供流动性的交易。在第 9 章中，本书将更细致地分析股市下跌时买入、做空波动率期货、卖出期权和做市策略（即从买卖价差中获利）之间的密切关系，有证据表明在极端情况下，这些都等同于利差交易。在接下来的一章中，本书还将介绍标普 500 指数本身已经成为利差交易标的的观点。高频交易商的交易频率极高，而且在还是全球利差交易中心的美国股市开展业务，它们是利差交易体系的重要组成部分，这样的结论可能并不夸张。从机构投资者的角度看，它们的增强可能是利差交易崛起的另一个标志。

随着利差交易在金融市场中变得更为普遍，金融市场结构已经向鼓励和包容相关交易的方向发展，并从中获利。那么我们就有理由怀疑，以利差交易为表现形式的金融活动将变得越来越重要。但对利差交易的兴起起核心作用的是中央银行，它是所有利差交易者中最有影响力的机构。中央银行是利差交易的终极玩家，眼下它们拥有庞大的资产负债表，这本身就构成了巨大的利差交易。本书的其余章节将进一步探讨中央银行在利差交易泛滥中的关键作用。

The Rise
of Carry

| 第 6 章 |

利差交易体系的本质

本章将解释一些对于全面理解利差交易对全球市场的影响至关重要的观点。首先，我们会说明为什么某种程度的利差交易既是可预期的，也是令人期待的。利差交易者向市场提供流动性和杠杆，并为这项服务以及所承担的利差交易崩盘风险而获得补偿。我们还要解释为什么这类活动的中心在美国市场，尤其以标普 500 指数的波动率交易为代表。我们讨论了这如何造成以波动率指数（VIX）产品为代表的标普 500 指数波动成为全球市场的主要风险因素。本章最后分析了各国央行，并说明它们的市场活动如何直接推动了全球利差交易的扩张。

利差交易体系是自然现象还是央行政策的产物

上一章讨论了从利差交易活动角度衡量，哪类机构最可能是金融市场的主要参与者。这些利差交易的主要参与机构的发展是创建金融市场“利差交易体系”的一部分。本书将利差交易机制定义为一种金融市场定价结构和市场行为模式，随着时间的推移，这种模式会用高额回报奖励那些实施利差交易的人。如果将这些高额回报用利差交易投资的总回报指数来表示，总回报指数通常将呈现为稳定攀升的走势，其间会夹杂着严重的利差交易崩盘。

我们将在第 9 章更为深入地探讨美国股市（特别是标普 500 指数）的卖出波动率交易或波动率利差交易。人们对此的了解要比货币利差交易少得多，但正如在第 4 章的数据分析所暗示的那样，它已经成为全球利差交易体系的核心。就美国股市来说，有利于利差交易的市场结构可以从市场的波动率结构中显现，市场的波动率结构也就是，在不同期权价格中隐含的预期波动率与市场行为中实际统计波动率之间的关系。一种解释是，从这种市场结构中产生的利差交易者利润，代表着他们作为市场流动性提供者提供相应服务的回报。我们的看法是，因为边际投机者使用杠杆操作，需要“流动性支持”，故而当边际投机者需要市场流动性时，利差交易者作为这种流动性的提供者是十分必要的。

我们进一步认为，在标普 500 指数波动率结构中隐含的预期利差交易回报水平高，是因为由于与标普 500 指数挂钩的衍生品和 ETF 市场是世界上最具流动性的股票风险管理市场，利差交易者在更有深度的美国市场必然会成为流动性的边际提供者，他们不仅是美国市场上杠杆投机者的流动性提供者，在某种程度上至少也是所有全球市场杠杆投机者的流动性提供者。由于其他市场没有相同的市场深度和众多的工具品种可供选择，一些风险对冲交易会采用美国的市场工具。这就将标普 500 指数置于全球利差交易体系的中心，并使其成为终极利差交易产品。

初看之下，这种作用似乎还是相对良性的。在提供流动性服务中，帮助金融市场定价能有什么问题呢？相比之下，我们坚持认为全球货币利差交易的增长代表了对风险的错误定价和资源的错误配置，我们应当更多地归咎于央行及其政策。

首先，这看上去有些互相矛盾。长期以来，人们普遍认为，在很大程度上全球金融市场已经汇聚成为一个“统一市场”[⊖]，交易要么是“追逐冒险”，要么是“规避风险”。近年来相当明显的是，在大多数（不是所有）货币利差交易“奏效”时期，标普 500 指数的利差交易也会发挥作用。第 4 章给出的数据就说明了这一点。IMF 有关美国金融企业的外国净资产的数据也显示出标普 500 指数和货币利差交易之间明显的关联（如图 6-1 所示），我们据此认为这为美元融资的全球货币利差交易的发展提供了初步思路。

⊖ “统一市场”（market of one）这个词是在 2003 ~ 2007 年信用利差交易泡沫期间由亨利·麦克维（Henry McVey）首创的，当时他是摩根士丹利（Morgan Stanley）的策略分析师。

图 6-1　标普 500 指数和美国金融企业国外净资产

资料来源：IMF。

此外还存在一种类似的论点，即货币利差交易也与流动性供给有关。大多数（并非所有）利差交易接受国货币都是新兴经济体的货币。这些经济体通常增长迅速，但波动性更大；它们依赖资本流入，但债务评级低于发达经济体，汇率受到管制，政策灵活性低于主要发达经济体。简而言之，可以认为它们是类似于发达经济体股票市场上不那么重要的杠杆投机者；它们是潜在的流动性需求者，在危机中将转变为实际流动性的需求者。那么，随着时间的推移，货币利差交易的正回报，以及随之而来的全球货币利差交易的增长，是否因利差交易接受国或经济体对资本或流动性的需求而被证明是合理的呢？

在某种程度上的确是这样，但就货币利差交易而言，各国央行（和 IMF）在鼓励利差交易增长方面发挥了重要影响，由此产生的不稳定性也是显而易见的。第 2 章总结了其中一些国家的利差交易历史。如果货币利差交易和股市波动利差交易之间存在相似之处（无论是从理论还是从经验数据来看，这一点都很明显），那么央行政策似乎也能对后者产生不良影响。

本书认为这个难题的答案如下：利差交易是金融市场中自然发生的现象。我们可以从更为基础的层面上理解它，而不是仅仅从金融市场的角度，关于这一点本书将在后面章节进一步讨论。在其更受控制的形式下，利差交易可被视为前进的引擎，或者至少是润滑剂。但当利差交易开始主导其他市场行为或力量时，就会产生问题，甚至可能会在最初以寻租甚至腐败或侵犯自由的形式表现出来。在金融利差交易中，一方是那些最终可能会迫切需要流动性的人，另一方则是那些提供流动性的利差交易者。这可以被认为是一种经济关系，但在更广泛的背景下，它也可以被理解为一种权力关系。

在经济学教科书的自由市场经济理论中，不会发生将利差交易的自发力量转换为看起来更像是剥削的情况。但它很可能发生在更具垄断性的经济组织形式中，即那些降低经济自由度的经济组织中。特别是，基础货币由央行这样一个拥有相当大自由裁量权的中央权威机构创造出来，这似乎已经成为金融和经济体系中的一种趋势。在这种情况下，利差交易可以上升到利用该权威机构的决策，来主导和影响所有其他宏观金融方面，并最终“俘获”中央银行。然后，利差交易体系就会以利差交易泡沫（或者更确切地说，是一系列越来越大的泡沫）和利差交易崩盘的形式出现，从而对整个经济和社会造成渐进性损害。

因此，本节开头标题中提出的问题的答案是“两者兼而有之”。利差交易这一种自然现象在道德上是中性的，或者是良性的，但在它与金融体系（特别是中央银行）当局的互动中，则可能是有害的。

卖出标普 500 指数波动率

要全面理解利差交易体制，就需要进一步理解利差交易、杠杆与债务比率和流动性之间的关系。本章将从股票市场波动交易的角度来解释相关内容，接下来的一章将会从货币经济学的角度来分析这个问题。

在股票市场上，可以用期权和期货来对波动率下注交易。想要保护自己免受股票或整个市场巨大损失的风险的股东，可以购买股票（或市场指数）的看跌期权。他们为这个看跌期权支付权利金，这使他们有权在未来某个时间以固定的“执行”价格出售股票（或市场指数），在这种情况下执行价要低于股票的当前价格。因此，看跌期权的卖出者或卖家将获得权利金或收入，以换取接受股价跌至期权执行价以下的风险。

看跌期权卖方是在实施一种简单的卖出波动率交易，或利差交易，他们能否获得收入将取决于股价或市场价格不会大幅下跌。如果股票或市场保持相对稳定（即波动率较低），那么利差交易将是有利可图的。众所周知，看跌期权的价格将取决于标的股票或市场指数的当前价格离执行价有多远，离期权到期还有多长时间，以及更重要的是，取决于对股价或市场指数未来波动率的预期——“隐含波动率”。在其他条件相同的情况下，预期波动率越高，期权的成本就越高，期权卖方的收入就越大。然而，如果标的资产价格跌破期权的执行价，卖方将不得不支付期权买方一笔钱，标的价格跌的幅度越大，即标的资产波动率越大，这笔金额就越大。所以，如果正如所料，波动率低于预期，期权卖方就会赚钱，那卖方就是在“卖出波动率”。

波动率用来表示衡量价格可以变动的程度，是期权成本的关键组成部分。由于未来价格围绕当前价格波动会分布在某个区间内，所以波动率只是一个数字，它表明该区间可能有多宽。

“实际”或“历史”波动率是通过回顾和观察过去一段时间内价格变化的分布来衡量的。但波动率本身也是一种波动率。我们可以算出上个月的波动率，但下个月的波动率会有所不同。幸运的是，它看上去变动得有些慢，而且似乎是“持久的”。在大多数情况下，前一个月的波动尽管对于分析一年后的每日价格变化可能没有什么用处，但对明天价格变动的分布却是一个相当好的预测。因此，隐含波动率，即市场对未来实际波动率的预期，往往与实际波动率一致，尽管隐含波动率通常比实际波动率要高出一些。

在现代金融市场中，可以直接卖出隐含波动率。要做到这一点，最简单和最流行的方式就是使用波动率指数（VIX）期货，或者通过交易采用简单 VIX 期货策略进行投资的交易所交易票据（ETN）来实现。VIX 是一种指数，用来表示未来 30 天标普 500 指数的隐含波动率，由标普 500 指数期权价格衍生而来[1]。VIX 期货是指用 VIX 来结算的每月到期的期货合约[2]。

大多数情况下，VIX 期货价格高于 VIX 现货，较长期期货合约价格高于较短期合约。换句话说，VIX 期货曲线通常向上倾斜。图 6-2 用金融危机以来曲线的平均形状来说明的确存在这种情况。当曲线具有这种形状时，做空 VIX 期货具有正收益，这显然是一种利差交易。如果交易者做空较长期的 VIX 期货，而现货 VIX 没有变化，那么随着时间推移，由于合约价格在到期时跌向现货价格，交易者就会盈利。这就是所谓的“展期收益”（roll yield），当 VIX 期货价格向现货价格“展期”（roll down）时，利差交易者就能获得收益。如果隐含波动率下降，现货 VIX 在到期时低于开始做空期货交易时的价格，交易的利润就会更高。因此，与货币利差交易一样，VIX 利差交易有两个组成部分：展期收益率（类似于利差）和标的资产价格的变化。在这种情况下，标的资产就是波动率本身。

出于同样的原因，持有 VIX 期货多头的代价也很高。图 6-3 显示了短期 VIX 期货 ETN（即 VXX）的表现，VXX 是一种投资工具，表示自金融危机后期以来持续滚动展期的 VIX 期货投资组合，平均到期时间恒定为一个月。图 6-3 的横坐标标尺采用对数比例。

[1] 严格来说，波动率指数代表的是未来 30 天标普 500 指数隐含方差对应的波动率。

[2] 受关注较少的 VXO 隐含波动率指数基于历史较长的标普 100 指数期权价格；由于数据历史较长，本书第 4 章使用 VXO 而不是 VIX 作为研究历史数据的基础。

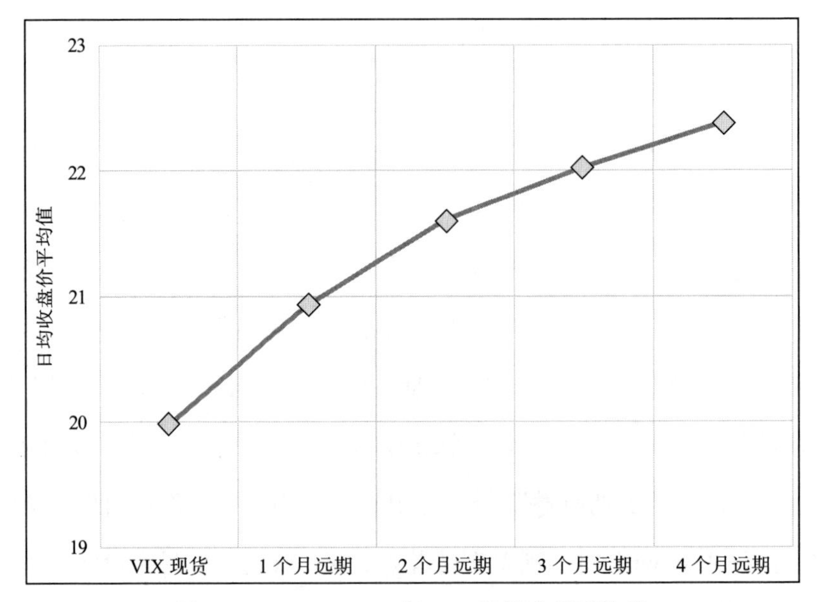

图 6-2 2009 ~ 2018 年 VIX 远期曲线平均值

注：图中显示了从 2009 年第一个交易日到 2018 年最后一个交易日这段时间，VIX 现货、1 个月远期、2 个月远期等时间的日均收盘价平均值。远期点数从期货曲线中插值，平均值以标准差计算。

资料来源：CFE[⊖] / 盈透证券（Interactive Brokers），作者计算。

卖出 VIX 期货就是做空图 6-3 中的那条线，这样做能一直稳定盈利，代价是在波动率激增期间出现严重下跌，例如 2010 年 5 月、2011 年 8 月、2015 年 8 月 和 2018 年 2 月，VXX 上 涨 了 80% ~ 180%。为什么会是这种情况呢？具体地说，为什么卖出 VIX 会是有利可图的，为什么它会遇到如此极端的回撤？也就是说，为什么波动率很重要？

⊖ CFE 是 CBOE 下属的期货交易所。——译者注

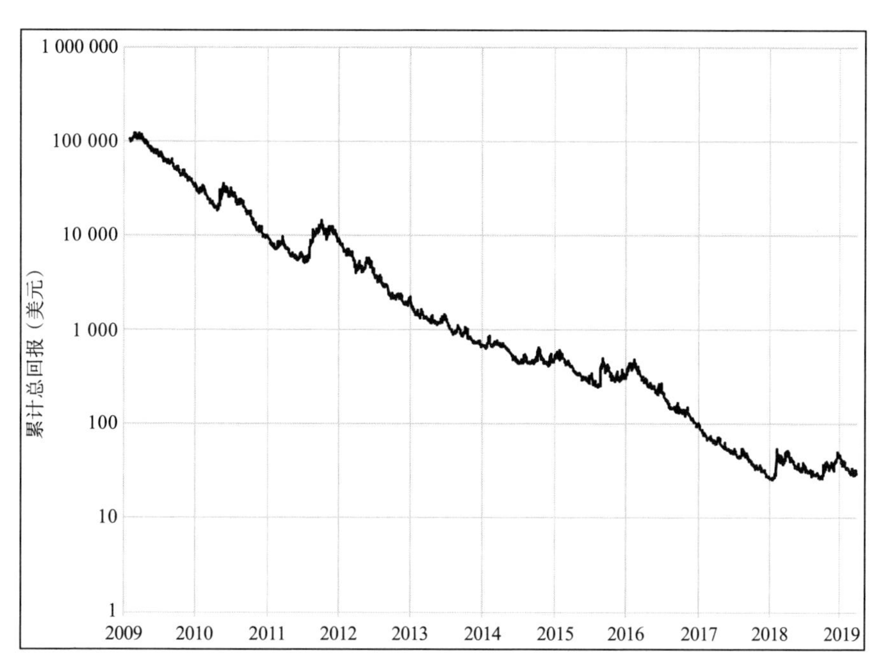

图 6-3　VXX/VXXB 的累计总回报

注：图中涵盖了从 2009 年 1 月 30 日 VXX 成立到 2019 年 3 月 29 日这段时间。请注意，VXX 已于 2019 年 1 月 30 日退市，取而代之的是与其相似的产品 VXXB。
资料来源：雅虎金融。

波动率、期权特性和杠杆率

波动率之所以重要，是因为它提供了期权特征的成本或对价。期权是在应用某些类型动态投资策略时所隐含的交易。最简单的例子就是不断提高杠杆。鉴于利差交易体系从根本上讲建立在杠杆之上，因此这是一个非常重要的概念。

例如，假设一个投资者或投机者希望在任何时候都做多标普 500

指数，杠杆率为200%。假设他有100美元的股本，则总头寸为200美元。如果市场立即上涨1%，他的头寸价值将达到202美元，他的股本将升至102美元。由于202美元除以102美元不到200%，他需要再购买2美元才能保持200%的杠杆率不变。相反，如果市场下跌1%，他的头寸价值将是198美元，他的股本将降至98美元。在这种情况下，他的头寸杠杆现在超过200%；他需要卖出2美元的股票，以维持杠杆水平不变。

对做空市场的投机者来说，杠杆变动的方式也是类似的。例如，假设一位拥有100美元股本的投资者的目标是在标普500指数中持有100%的空头头寸。如果市场下跌2%，投资者将获得2美元的利润，现在拥有102美元的股本。然而，他现有的空头头寸只值98美元。为了维持100%的空头头寸，他需要额外卖空4美元。相反，如果市场对他不利，上涨2%，他的股本将跌至98美元，未平仓头寸升至102美元。为了维持与他的权益相等的空头头寸，他需要通过购买4美元的股票来减少空头头寸。

这些例子表明，如果一个投机者在交易中使用杠杆或维持空头头寸，他需要在资产价格上涨时买入，在资产价格下跌时卖出，以实现再平衡并保持杠杆水平不变。简言之，我们将这种价格上涨时买入、下跌时卖出的模式称为“顺市交易”（trade with the market）。相反，如果一个投机者在交易中用低杠杆，比如持有50%的股票和50%的现金投资组合，同样的例子将表明，他需要在价格上涨时卖出，在价格下跌时买入，或者“逆市交易”（trade against the market），以重新平衡自己的头寸，并持续保持低杠杆交易。

顺市交易的杠杆投机者需要买入期权。如果市场继续朝着对他们有利的方向发展，就有获得爆发式盈利的潜力，并能继续顺市交易。作为对这种潜力的回报，他们总是会发现自己在市场走势出现波动（交易噪声）时买得更高，卖得更低，而且每次交易都是有成本的。不难看出，顺市交易的总成本与资产价格的波动有关；资产上下波动越大，需要的交易就越多，成本也就越高。所以，市场交易成本与波动率的平方或方差成正比符合预期。（这有时被称为“波动率阻力”或“方差阻力”。）

因此，期权特性（optionality）意味着要么顺市而为，要么逆市而行。期权特性非常重要，它的价格或成本由波动率决定。可以说，期权特性即波动率，波动率即期权特性[⊖]。

如果杠杆投机者选择不进行资产组合再平衡怎么办？如果市场不利情况继续，资本金将接近于零，他们就会破产。如果市场波动突然且非常大，就是说如果市场骤然崩盘，即使是试图重新平衡组合的投机者也会破产。在实际操作中，当他们的股本跌破某些阈值时，经纪商会要求他们结清头寸，或者将代表他们强制结清头寸。这就是所谓的交易头寸“止损”。

杠杆多头以这种方式止损意味着在价格下跌时卖出，而空头止损则意味着在价格上涨时买入。止损总是顺市交易。无论投机者选择通

⊖ 在期权市场中，表示顺市或逆市交易性质的期权特性由希腊字母 γ 表示。第 9 章将对这里所述的观点进行更详细的扩展讨论。

过再平衡还是接受破产风险来确定期权盈亏，与市场进行交易的预期成本大小都应该是相同的。

在实践中，因为投机者被止损的点位会不断变化，情况变得比较复杂，效果如何取决于他们的整体财务状况和经纪商自身财务状况。例如，2007 年 8 月，投机者在美国高收益信贷头寸上杠杆可达 10 倍。一年后，相关头寸的最大杠杆降至 4 倍。资产支持证券中，CDO 的杠杆投机者表现更差：2007 年 8 月，CDO 中评级最高的部分的头寸可以有 25 倍杠杆；到 2008 年 8 月，几乎没有杠杆可用[㊀]。

作为杠杆投机者，进行顺市交易必然意味着需要流动性支持。杠杆投机者要么主动，要么被迫来为这种流动性要求买单。至少在一定程度上，卖出波动率的利润可以被视作杠杆投机者提供流动性的报酬。

正如上一章所述，对冲基金是杠杆市场的参与者，它们的影响力在过去 20 年里有了巨大的增长。伴随着它们的影响力增加，与其流动性需求相关的成本也增加了，我们不应感到惊讶，毕竟这是波动率利差交易回报的部分来源。更为普遍的是，在系统杠杆水平较高的情况下，市场很明显需要更多的流动性。系统杠杆水平越高，提供流动性和杠杆（也就是卖出波动率）的收入很可能就越高。

到 2018 年，全球经济和市场的实际总杠杆很可能超过 2007 年的峰值[㊁]。从长远来看，过去几十年的金融化使世界变得比以往任何时

㊀ 参见 Qiang Dai 和 Suresh Sundaresan, “Risk Management Framework for Hedge Funds: Role of Funding and Redemption Options on Leverage.” 2010。

㊁ 包括主权债务在内的总债务的现有数据表明，全球债务占 GDP 的比率继续上升。然而，正如第 3 章所解释的那样，如果包括或有负债和表外负债，真正的杠杆率会更难或几乎不可能被准确衡量。

候都具有更高的流动性和杠杆。如此高的杠杆需要流动性；如此大的市场流动性激励了加杠杆操作。因此，波动率交易规模变得比以往任何时候都更大，也更重要。处于波动率市场中心的是标普 500 指数和 VIX 指数。

杠杆和利差交易崩盘

从定义上看，利差交易定义中的一个特征是它们总要涉及杠杆。杠杆交易的不稳定性是利差交易最终崩盘的关键原因。并且由于标普 500 指数既是世界金融市场的重要驱动力量，也日益成为全球利差交易的中心，我们开始能理解为什么股市崩盘风险是真实存在的。

卖出期权是一种利差交易，因此也涉及杠杆交易。细想一下未套期保值虚值看跌期权卖家的潜在风险敞口。当卖出看跌期权时，期权卖方获得的权利金收入只是标的资产名义金额的一小部分，但期权卖方或卖家承诺，如果市场下跌到期权以实值状态到期时，他们将买入基础资产，此时所花费的名义金额会更大。期权卖方承担的或有负债比他们的收入要大得多，因此卖方的杠杆也增加了。期权为买家提供的名义风险敞口远远大于所支付的期权费，期权买家以某个标的资产价格获得了加杠杆的机会，这种机会是由卖家提供的，卖家可能同意扩张自身的资产负债表，具体取决于市场结果。

在每一种做空波动率交易中，收益都是通过收到较确定的金额并准备支付不确定的金额得到的。例如，在前面描述的 VIX 展期交易中，利差交易者按照已知价格卖出长期隐含波动率，并将在未来以不确定价格买入现货VIX来结清交易。VIX不可能跌至零以下，但它的涨幅却没有限制，因此波动率卖家总是有比上行空间更大的潜在下行空间，即交易是杠杆化的。无论是卖出期权、做空波动率指数，还是以其他方式（其中一些内容将在第9章详细介绍），卖出波动率总是涉及提供杠杆和承诺市场流动性。

利差交易内含杠杆的概念有助于我们理解其关键的风格特征——利差交易崩盘。人们普遍认为，利差交易在中期水平上的回报分布极不对称，这一点已经在第4章用经验数据进行了深入讨论。它们的回报模式呈锯齿状，即缓慢上升，快速下降，可以用“楼梯上，电梯下”“压路机前捡五分钱”等来形容。在2007 ~ 2009年全球金融危机之前和期间，澳元兑美元的总回报就显示出典型的利差交易模式（见图6-4）。

这种锯齿形的收益模式可以用杠杆的数量效应来解释。简单的价格模型表明，它们应该看起来像“布朗噪音”，即每天的回报应该独立于第二天。但杠杆的使用打破了回报的独立性。只要整体上利差交易者仍有能力和意愿进一步使用杠杆，下跌就是买入的理由。所以，当使用杠杆越来越多时，价格会均值回归并持续上涨。但杠杆不可能无限放大，当投向利差交易的新杠杆供应耗尽时，价格下跌导致被迫抛售，进而导致价格进一步下跌。这是一个去杠杆的连锁反应。卖家的流动性消失了，价格行为从均值回归暂时转向动量（下跌）模式，并且波动率会出现爆炸性增长。

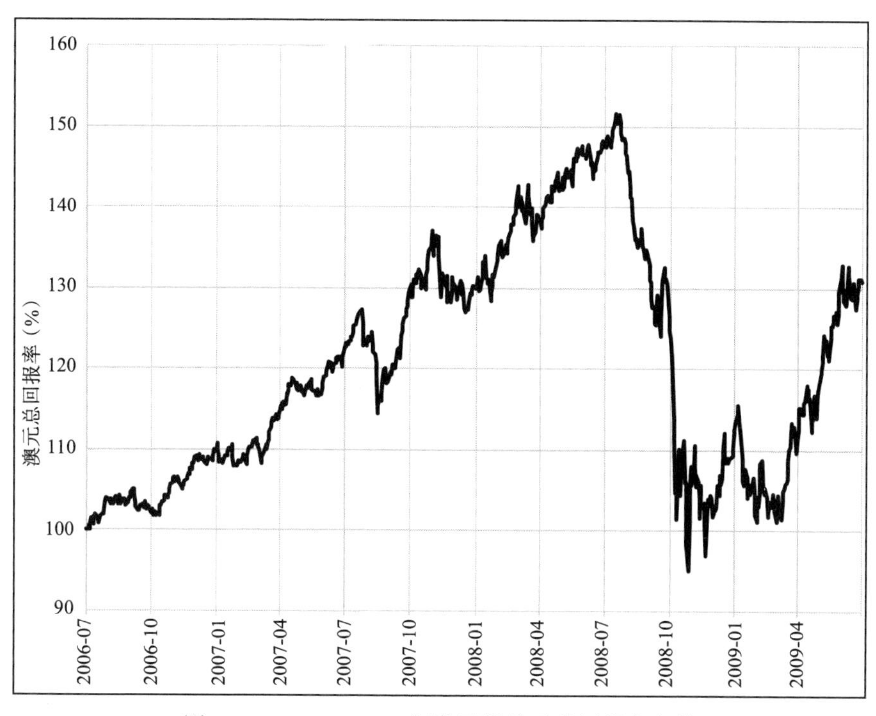

图 6-4　2006 ~ 2009 年澳元兑美元总回报率走势

注：图中给出了澳元兑美元在 2007 年泡沫顶峰前后几年的总回报率走势，在此期间，澳元完美地体现了利差交易模式。
资料来源：彭博社。

过去几年，卖出标普 500 指数波动率的交易清楚地呈现出了这种模式，最大的利差交易崩盘或波动率飙升发生在 2008 年 10 月，规模较小的此类事件发生在 2010 年 5 月、2011 年 8 月、2015 年 8 月和 2018 年 2 月（此次闪崩被称为“波动率末日”，当时波动率指数在一天内翻了一番以上）。在这些高峰期间，所有形式的卖出标普 500 指数波动率策略同时失效。尤其是在即期和最近的远期的隐含波动率飙升，导致 VIX 曲线反转；实际波动率呈现爆炸式增长，甚至高于当前隐含的波动率；市场下跌后也没有反弹。

由于波动率是杠杆的成本和市场流动性的价格，利差交易崩盘被理解为其交易资产的波动率价格暴增最为合适。如果利差交易资产本身的波动率可以交易，那么它也一定也会被用于利差交易。在去杠杆化阶段，波动率先缓慢下降，并保持在较低的水平，给卖家带来利润，然后才会爆发。同样，卖出利差交易资产波动率也必须有利可图，因为进行利差交易的资产本身就是杠杆化的，因此相关市场包含追求流动性的杠杆化投机者。相反，在卖出资产波动率方面广泛使用杠杆，必然会将标的本身变成利差交易。标普 500 指数的大幅波动卖盘使标普 500 指数本身成了利差交易的对象。

最有可能的是，杠杆率更高的利差交易不会有较低的预期回报，它们只是有更大的偏度——意味着更恶性的崩盘。如果偏度风险（崩盘风险）足够大，波动率可以以任何明显的预期回报溢价来“公平定价”。显然溢价越高，做空波动率使用杠杆就会越多，偏度风险无形中就会上升得越多，因为那些认为自己是流动性供应者的人在极端情况下反而成为流动性需求者。在当今这样一个系统极度使用杠杆、流动性需求至高无上的世界里，许多人和机构系统性做空波动率的事实，并不一定意味着卖出波动率的长期回报会很低。这只意味着会很容易出现极其严重的波动率轧空行情。

波动率具有货币价值

美国市场的深度以及其中可用金融工具的广度，使得标普 500 指数处于全球利差交易体系的中心。与标普 500 指数挂钩的衍生品和 ETF 市场是全球流动性最强的股票风险管理市场。标普 500 指数与大多数股票风险交易高度相关，而且也是全球最重要的基准指数。因此，标普 500 指数通过与之相关的衍生品合约，来对冲各种流动性较差工具的头寸及风险，所以标普 500 指数成为全世界的对冲工具。通过这种方式，它吸收了其他流动性较差的金融工具的期权特性需求，以及相应的权利金。与此相关的是，虽然波动率指数适用于各种各样的其他市场，但没有一个市场像 VIX 那样受到密切关注。虽然也存在一些其他波动率指数的期货和期权，但到目前为止，基于 VIX 的那些期货和期权的流动性最强。因此，代表标普 500 指数波动率的波动率指数（VIX）似乎被市场参与者和学者视为“全球波动率”（所有金融市场的总体风险水平和期权特性的总体价格）的最佳可用指标。

我们可以从第 4 章提供的数据中推断得出，在极端情况下，标普 500 指数的波动率实际上很有可能是单一全球波动率风险因子。为什么这一点很重要？因为全球波动率肯定是世界上最重要、具有最佳回报的风险因子。

金融理论始于这样一种观点，即获取回报必须承担相应的风险。并不是所有的风险都是平等的。显然，只有令人痛苦的风险，即人们为摆脱令人不快的不确定性而承担的风险，才需要提供回报。而且一些风险可以分散化掉，这些需求没有回报，因为这些风险如果足够多就可以互相抵消，从而合成一个无风险的投资组合。

什么是不能被分散掉的痛苦风险？根据资本资产定价模型简单地

说就是市场风险。更现代的理论使用“随机贴现因子”和“定价核心”之类的术语，这意味着最重要的是所谓的“危机时期的协方差”㊀。我们可以这样概括直觉：在最糟糕的时期遭受回撤的策略或资产，必须有最丰厚的长期风险溢价。（在第 4 章中，我们研究了一些实证证据，这些证据表明，利差交易往往在“糟糕的时期”，即金融市场和经济的糟糕时期，遭受最严重的回撤。）这些最糟糕的回撤时机正是那些亏损的美元最有价值的时候。

什么时候一美元最值钱？在标准经济模型里关注的是“消费效用”，即美元在现实世界中的效用。根据这些模型，当经济萎缩时，当大宗商品价格上涨时，当一个人饥寒交迫时，当一个人真的需要这一美元用来吃饭、取暖、避难时，当他需要这一美元来挽救自己的生命时，额外的一美元就特别有价值。这是一个合情合理的观点。

本书会提供另一个准确的视角——脱离饥饿和寒冷，脱离现实世界。例如，假设“某个人”是一家银行、一家影子银行、一家对冲基金或一家公司——一个没有任何感觉的实体。这样的实体还能像即将饿死的人一样，需要额外的一美元来拯救自己吗？可能，也只有在有杠杆的情况下，这个“人”才会这样做。面对破产风险，它可能需要一美元。它可能还需要一美元来回应致命的追加保证金的要求。

多出的一美元即使对并不需要它的投机者来说，也是有价值的，因为总会有人需要它。因此，它的价值可以通过借给某个人或需要杠

㊀ 参见 John H. Cochrane, Asset Pricing (Revised Edition), Princeton University Press, 2005; Antti Ilmanen, Expected Returns, John Wiley & Sons, 2011。

杆的实体来体现，通过与实体交易，提供其所需要的流动性来赚取收益。当一美元赚得最多的时候，就是它最有价值的时候。在一个杠杆化的世界里，在一个由利差交易及其风险主导的世界里，最有价值的时刻就是波动率很高而且还在上升的时候。一美元的边际效用就是波动率的价格。

换句话说，如果 VIX 在上升，那么货币的价值和持有需求也在上升。货币需求会将所有资产回报联系在一起。当货币需求增加时，投资者更喜欢持有现金，而不是持有风险资产，资产价格会迅速调整走低。这就是为什么当波动率增加时，我们会看到相关性飙升，多样化消失。特别是在利差交易体系全球化的情况下，在利差交易崩盘期间，除了现金之外几乎没有其他工具可供避险。相反，如果 VIX 处于下跌状态，即利差交易压低了波动率，那么持有货币资金的需求就会下降，资产之间的相关性也会降低。较低的波动率和相关性使得风险资产的投资组合看起来更稳定，更像货币。事实上，正如下一章即将讨论的那样，利差交易体系扩张阶段的特征之一，是一系列资产开始可以作为货币替代品持有，因为它们表面上是稳定的。当然，这种稳定性是虚幻的，当这些资产的风险在利差交易崩盘中暴露无遗时，持有“真实”货币的需求就会爆发式增长。

如果标普 500 指数的波动率成了“全球波动率”，那么它就能代表一般流动性风险，这通常被定义为货币价值的风险，也必然是世界上回报最高的风险。与此同时，这种对一般流动性风险溢价的吸收过程，必然会将标普 500 指数本身转化为一种极端的利差交易，预期回报很高，并且具有令人恐惧的偏度。发生闪电崩盘或1987年10月股灾等概率几乎为零事件的可能性，已经从几乎为零上升到不容忽视的程度。

这也意味着当下经济衰退和经济动荡不会导致标普500指数下跌，相反，它们现在是由标普500指数下跌引起的。2011年欧元危机开始严重可以这样来解释：一般流动性风险溢价的提升摧毁了意大利和西班牙的财政，或者更准确地说，揭示了它们的真实状况。（这一情况也可以用同样的方法来解读：2015年下半年市场疲软导致全球经济疲软，并在2016年初以采取协调一致的货币政策行动逆转这种疲软状态而告终。2018年末，类似于上个周期的情况再次出现。）一般流动性风险溢价的扩大只是导致VIX的上升，但在美国股市上利差交易的崩盘，无论何时发生，都会对依赖流动性和高杠杆的世界经济产生毁灭性的影响，并使我们重新陷入危机。

但那之后，利差交易的本质是再次泛滥。

央行是最大的波动率卖家

根据定义，由于卖出波动率能提供杠杆和流动性，因此最重要的波动率卖家必然是最后贷款人。随着量化宽松（QE），特别是2012年9月宣布的开放形式的第三轮量化宽松（QE 3）的到来，美联储在提供流动性和杠杆方面变得非常积极，也就是说，以惊人的数量有效地出售波动率。QE 3见证了美联储资产负债表规模的激增，从2012年末的2.9万亿美元扩大到2014年底的4.5万亿美元。如果美联储被视为波动率最大的卖家，那么有关波动率卖盘对股市极其重要的说法，就能与“美联储对股市极其重要”这种相当常见的说法密切联系起来。这种思路可能有助于理解那张众所周知的图表（见图 6-5）。

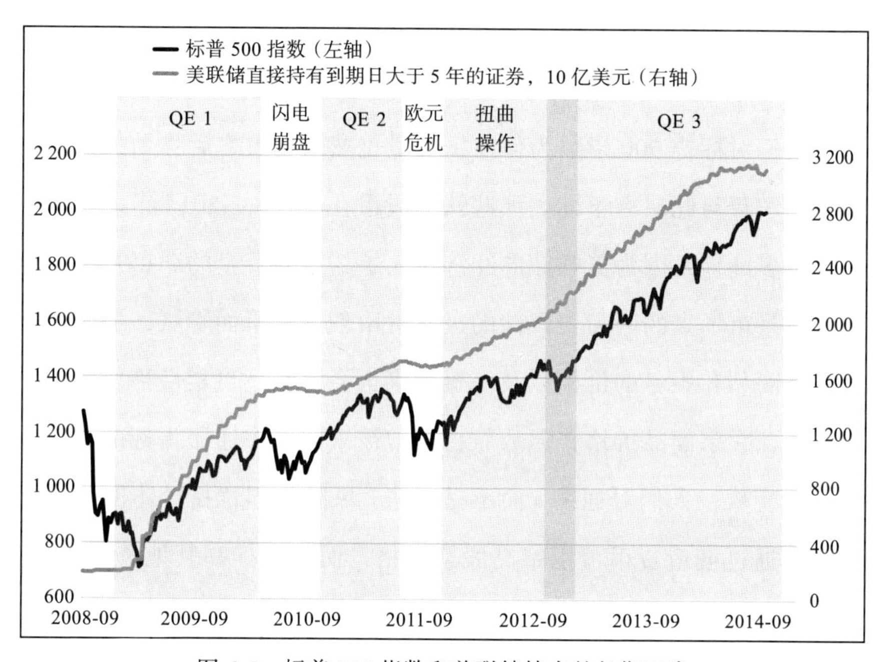

图 6-5　标普 500 指数和美联储持有的长期证券

注：图中左轴显示为标普 500 指数，右轴为期限超过 5 年的美联储总资产（以 10 亿美元为单位），美联储购买长期资产的四个主要阶段以及它们之间的间隔被标记出来。此图涵盖了 2008 年 9 月至 2014 年 9 月这段时间。

资料来源：雅虎金融，FRB。

图 6-5 强调了一个极其重要的观点，我们将在下一章（有关利差交易体系的货币后果）来说明。

图 6-5 以及不同版本的类似图表给出，如美联储总资产负债表规模和股市，或者货币基础和股市，一直很受金融市场观察人士和评论员的欢迎，它们展示了基本相同的关系。近年来，那些在美联储宣布

QE 3 时表示股市一定会飙升的分析师和资管经理，已经成为金融市场的英雄。正如图 6-5 所示，这确实是正在发生的事情。那些在 QE 3 之后信奉股市的人一致认为，股市将不可避免地上涨，因为美联储将向金融体系大规模注入资金，其中一些肯定会流入股市。

我们对标普 500 指数为何在极端量化宽松政策之后强劲上涨真正原因的解释与此略有不同。那些认为股市在 2013 ~ 2014 年期间上涨如此之多纯粹是因为美联储向经济注入了如此多资金的观点是不可信的。如果市场真的因为美联储的极端货币创造政策而膨胀，那么大宗商品、商品和服务的价格以及工资最终也会上涨。事实恰恰相反，在此期间，大宗商品价格普遍疲软，通常被视为货币通胀指标的黄金价格明显疲软，人们对通缩（而不是通胀）风险的担忧持续不断。相信美联储通过创造货币可以推高股票价格，而不会推高其他资产价格，就等同于相信美联储可以创造真正的财富。基本经济学或简单的常识告诉我们，美联储不可能创造真正的财富，至少不会是永久。

美国股市上涨的真正原因是，标普 500 指数变成了利差交易工具，而美联储的 QE 政策代表了大规模卖出波动率策略。美联储可能成为最大的利差交易者：其资产负债表是一笔巨大的利差交易，持有大量产生收益的证券，如美国国债和抵押贷款支持证券（MBS），这些证券由成本非常低的负债（包括流通的利率为零的现金）提供资金。

美联储日益增加的利差交易最终将压低所赚取的总回报。正如所解释的那样，利差交易应该会提供超高的回报，因为出现极端损失的可能性很小，而且从本质上讲，它们是提供流动性的交易，必须获得报酬。央行成为大型利差交易商，必然会导致利差交易的前瞻预期回报最终下降，因为这代表着利差交易的资金供应增加。然而，在短期内，随着额外的货币供应在市场上开始发挥作用，利差交易实现的盈利会增加。然后，利差交易体系就会出现一连串利差交易泡沫和破灭的情况，而且随着央行在每个经济周期中逐步增加干预力度，这些泡沫的规模和破裂的影响不断扩大，这显然已经不仅仅是一个由世界对流动性的需求而产生的均衡过程。

在第 2 章讨论货币利差交易时，我们强调了央行的参与会产生某种形式的道德风险。各国央行对汇市的干预，加上市场了解到央行准备在汇率大幅波动时进行干预，使得货币利差交易更具吸引力。有观点认为，所有利差交易都是同种普遍现象的组成部分，因此货币利差交易和卖出股市波动率交易之间必然存在等价性，这意味着央行卖出波动率必然会产生道德风险。换句话说，这似乎表明量化宽松政策和由此产生的央行资产负债表规模可以作为量化道德风险的衡量标准。

美联储卖出波动率和货币利差交易之间也有非常直接的联系，本书将在第 12 章更深入地讨论这一点。在全球货币利差交易大幅收缩的时候，特别是在 2008 年末雷曼兄弟危机期间，美联储通过流动性掉期提供美元可用资金。美联储与其他央行的流动性掉期（向它们提供美元贷款）就相当于干预外汇市场。设想一下，在利差交易崩盘期间，欧洲的美元借款者无法为其美元融资展期，这笔资金投向了收益更高的本币投资。（这种情况在东欧尤其容易出现，但也发生在 2008 年的欧元区国家。）美联储将美元借给欧洲中央银行（European

Central Bank）或相关国家的央行，然后再将美元（通过国内银行）转借给陷入困境的借款者。这样做的效果是，进行利差交易的美元借款者不会被迫结清头寸；他们可以从追加保证金的压力中解脱出来，这种压力通常在利差交易崩盘期间折磨着杠杆交易者。在没有央行干预的情况下，他们将被迫在外汇市场买入美元，以偿还美元资金，此举会给本币与美元的汇率带来进一步的下行压力。从货币经济学的角度来看，央行延长流动性掉期的行动在技术上等同于央行对外汇市场的干预。

未平仓美元利差交易和未平仓美联储流动性掉期指标之间存在明显的反向关系。在签订利差交易合约时，美联储延长流动性掉期将弥补个人在货币利差交易上的损失。换句话说，美联储也是一个利差交易者，会在其他利差交易者被迫清算时介入。在这种情况下，美联储通过流动性互换扩大资产负债表的做法显然是利差交易。我们将在第12章继续探讨这个主题。

美联储是波动率的卖家、利差交易者和道德风险的创造者，如果把美联储这些不同类型的干预措施都组合在一起，会发现这些只是从不同的角度看待同样的问题。美联储充当利差交易者，虽然限制了利差交易崩盘的规模，却为随后出现更大的利差交易泡沫提供了助力。

随着美联储通过连续几轮量化宽松扩大资产负债表，其庞大的资产负债表获得了创纪录的利润，这一点得到了一些观察人士的认可，但也引起了另一些人的担忧。例如，美联储在2015年向财政部输送了近 1000 亿美元的利润。在利差交易泡沫中，利差交易者赚取超乎寻常的利润。那些当事人担心，美联储的超常利润有一天可能会变成巨额亏损，2018 年开始这种担忧看起来是有道理的。鉴于紧随利差交易回报长期表现强劲之后的往往是利差交易崩盘，如果市场最终接受美联储确实是一个庞大的利差交易者的观念，这应该是意料之中的事。

The Rise
of Carry

| 第 7 章 |

利差交易体系的货币后果

利差交易体系

当相关资产市场价格的波动率保持在较低水平或进一步下降时，利差交易就会产生优厚的回报。这种情况持续一段时间后，因为预期利差交易将继续产生好的结果，资本会被吸引到利差交易中。随着时间的推移，利差交易中使用的资本会增加，最终数量可能会变得足够大，以至于市场行为本身也会由利差交易主导。这就是我们所说的“利差交易体系”。

我们在这里提出这样一个问题：利差交易体系是自由市场经济体系的自然产物，还是央行和其他政府机构所实施政策的结果？答案是，利差交易是一种自发的现象，但至少在过去 20 年里，全球金融市场所形成的特定利差交易体系，是各国央行（尤其是美联储）对这种自发现象“施压”的结果。

然而，这可能不是故事的全部。如果没有央行，类似于过去 20 年存在的利差交易体系，或者具有相同经济后果的机制是否也有可能出现呢？当前的利差交易体系是某种永久性的存在，还是只有央行存在的情况下才会存在？在本书后面我们会回到这些问题上来，但这里介绍它们这样做是因为有助于我们思考利差交易体系的货币后果，特别是利差交易崩盘的本质。

正如前几章所阐述的那样，利差交易崩盘是利差交易体系中不可避免的部分。但如果利差交易体系依赖央行的存在，而最终的崩溃又会摧毁央行体系，那么这场崩盘可能会终结这个制度。否则的话，因为每次利差交易崩盘都会带来央行更多的干预，结果往往是更大的利差交易泡沫，而且紧随其后的是更大的利差交易崩盘。这表明往往利差交易体系是不稳定的，最终必然会导致自我毁灭。

矛盾之处在于，尽管今天全球利差交易体系可能被视为央行政策的产物，是央行巨大权力的体现，但利差交易体系的货币效应实际上严重削弱了央行的权力。美国联邦储备委员会（FRB）是在 20 世纪初通过立法成立的，目的是终结反复发生的金融危机。面对反复出现的利差交易崩盘的局面，它无能的表现会导致其权威地位在 21 世纪被立法废除吗？

我们将在第 10 章中表明，某种反利差交易体系是可以想象的。有可能实现的本身就意味着，至少在目前形势下，利差交易体系不是一种理所当然或者必然要一直存在的事物。它可能会结束，但如果它真的结束了，央行的消亡或许与这种可能性关系密切。

利差交易体系中的货币

为什么利差交易体系中的货币效应实际上会削弱央行的权力？要回答这个问题，我们首先必须了解货币的本质，拥有货币供给权是央行权力的来源。

货币被定义为一种支付手段，或者说是一种资产，可以很容易地转换为支付工具，而不会受到可能的资本损失的影响。一般来说，最容易接受的支付方式是现金。银行的储蓄存款可以很容易地按一兑一的比例转换成现金，而不会有资本损失的风险，因此会被认为是货币。例如，货币市场基金被纳入更广泛衡量标准的货币中，但相比银行储蓄存款，要将货币市场基金转换为直接支付手段可能会更麻烦。此外，尽管货币市场基金通常被认为资本损失风险很小，但 2008 年的金融危机表明，情况并非总是如此。

由于某些类别的货币资产，例如支票账户余额，显然比其他类别更接近纯粹的货币定义，因此有不同的货币供应量统计指标。最狭义的衡量标准 M1 包括可用于直接支付商品的货币形式，例如现金和支票账户余额。而更广泛的衡量标准如 M3，就包括那些从持有者的角度来看，可用作支付工具但又不是能立即支付的货币形式，如长期定期存款。

货币是由银行系统创造的。当银行发放贷款时，它会将资金记入借款人的账户，这就是在创造货币。当借款人使用贷款资金支付商品时，创造出的货币会落入其他人手中，并最终会留在银行系统里。但从传统的角度来看，这个过程最终掌握在央行手中。单个银行继续放贷从而创造货币的能力，受到其持有的流动余额，特别是其在央行持有的清算余额或准备金账户的限制。如果银行放贷太多，那么随着其创造的资金离开银行（因为一般来说，没人会在不打算使用的情况下长期借钱），银行在央行的清算额度将会减少。银行在央行的余额将被记入借方，以结算客户从其账户上提取的支票和付款。银行可以在银行间市场借款，以提供资金。但对于整个体系而言，央行拥有最终控制权；也只有央行才能增加保有的存款准备金总量。

央行可以通过向银行放贷（基于抵押品）或从银行及其他私营部门购买资产，来增加准备金总量，这基本上是流动性最纯粹的形式，即银行所持有的“高能货币”。如果央行从公司或个人手中购买资产，比如作为量化宽松的一部分，那么这就增加了银行持有储备量，也直接增加了货币供给。如果央行从一家非银行的企业购买债券，那么它将向该企业付款，这就意味着该企业不仅将在银行存款，而且银行随后将对央行拥有债权。例如，如果央行用支票购买债券，一旦支票存入银行账户，该银行将拥有支票，在结算支票时，央行将贷记银行持有的准备金存款。

因此，央行可以控制银行的准备金余额，这是经济体中控制流动性最有力的方式。通过这种控制，央行理论上对经济中的货币总量具有强大的影响力。如果银行在央行没有足够的准备金（意味着高能流性），它们就不能放贷和创造货币，至少这样做的能力会受到限制。又或者说，传统货币理论是这样解释的。

在传统的货币理论中，短期利率反映了经济中对信贷的需求，即企业和个人希望借钱的渴望程度，以及央行提供流动性政策的结果。如果央行在信贷需求旺盛之后试图限制经济中的货币供应量，那么短期利率会处于高位。一旦央行在提供流动性（准备金）方面相对严格，这种货币供给限制将制约信贷需求旺盛所导致的银行流动性需求，迫使短期利率上行。

如果通胀走高，较长期的利率自然也会上升。短期利率要成为有效的约束手段，就至少要与长期利率一样高（即收益率曲线将是平坦的或向下倾斜的）。如果短期利率低于长期利率，那么即便短期利率高企，信贷需求仍将趋于坚挺；通胀和经济增长仍会使信贷需求保持旺盛。如果短期利率远低于长期利率，那就意味着央行根本就没有采用紧缩政策；在这种情况下，它必须以相对优惠的利率提供银行需要的流动性（准备金）。

以上就是相关的理论分析。但这种理论建立在一些未明确说明的假设之上。如果国内利率与借款人的相关性较低，因为他们可以用另一种或几种货币在海外以非常低的利率借款，而且他们有理由不用担心货币汇率风险或无法为借款进行再融资的风险，那该怎么办？这就是货币利差交易的情况，第 2 到第 4 章对此进行了深入讨论。此外，如果央行只能控制（或至少强烈影响）传统的货币供应，但存在其他金融资产，且这些资产没有受到控制，或者受控制的程度要有限得多，但它们仍然在有效地发挥着货币的作用，情况又会怎样呢？

迪维西亚货币总量（Divisia Money）概念是一种用来衡量资产货币性的加权平均数，其中不同的货币资产根据其“货币化”程度被赋予不同权重，所采用的权重通常来自利率期限结构。不支付利息的现金在总权重中将是最高的，而货币市场基金等资产的权重要低得多。后全球金融危机时期计算美国的迪维西亚货币总量表明，据此计算的货币增长率往往较低。

然而实际情况表明，真正将较纯粹的货币形式与少量货币形式的替代品或非货币资产区分开来的，是后者相对于现金的价格波动。货币的定义包括可以在未来某个时候转换为充当支付手段资产的概念。例如，假设某人正在存钱买一辆车，几个月后她将需要这辆车。如果她的一些积蓄是在一家高风险公司的股票上，而这家公司的股价波动很大，那么当她买车的时候，她很难指望靠出售这些股票的收益来支付。然而，如果是银行存款的话，她可以相当肯定地知道，当她买车的时候她所拥有的金额。但是，如果她持有交易所交易基金（ETF）的股票，而该ETF的价格完全不会波动，而且她非常有信心价格不会下跌，那会出现什么情况呢？她可能会认为持有ETF和银行存款的效果一样。

这表明，在资产价格波动率受到抑制并最终变得非常低的利差交易体系中，更多类型的金融资产开始显得更像货币；它们将变得和货币一样稳定。随着利差交易体系的扩大，包括更多的金融资产收益率会降低，价格波动也会降低。那么对将把手中资产视为货币的持有者而言，有效货币供应量将会增加。即使传统货币标准下的货币供应量可能没有增长，也可以用“货币化”正在扩大的方式来解释这个过程。

反过来，这意味着央行正在失去对有效货币供应（货币数量）的直接控制。央行只对传统货币供应量有影响力，因为它只对传统银行体系有直接控制权。随着利差交易体系的扩大，看上去似乎更像货币的金融资产类型通常不是银行的负债，而是非银行机构的负债，例如其他金融公司甚至其他非金融业务。

换句话说，利差交易体系使非货币资产看起来风险更低，从而降低了这些资产的收益率（利率），使得它们看起来更像货币。因此，货币的有效供应量似乎仍在增长。无论这是因为人们认为央行在担保非货币资产的名义价值，还是这更多地只是一个由市场推动的过程，都迫使央行看起来是为了担保资产价值，以避免造成危机的风险，央行最终必然成为推动整个过程的工具。

归根结底，一项资产的货币化程度关键取决于央行（可能是政府）对该资产的支持或保障程度。如果没有这种隐含的甚至是明确的支持，投资者或整个公众将很难接受以前的各种非货币资产和货币一样稳定的现状。2008年，在金融危机最严重的时候，美国政府推出了对货币市场基金临时担保的政策。在欧洲，欧洲央行（ECB）在欧元危机最严重的时候宣布了会采取“不惜一切代价”的做法，这被解读为准备为欧洲外围国家政府债务提供价值担保。这些以及所有其他危机后和

“试验性”的货币政策措施可以说增加了各种金融资产的货币化程度。

央行对一项资产的隐性担保可以说既增加了资产的流动性（因为假定央行愿意购买），又降低了持有者的资本损失风险，从而使资产更接近于货币的形式。央行的隐性担保本质上使资产成为央行的或有负债，这也是资产最终被赋予货币属性的原因。矛盾之处在于，央行之所以能够这样做，只是因为其创造货币的权力巨大，但以这种方式来使用实际上是在削弱该项权力，明显降低了它对货币总量的控制程度。这一点在利差交易崩盘中表现得最为明显：当货币属性消失后，原本看起来与货币一样优质的金融资产突然又变成了高风险的非货币资产。

利差交易体系的通缩本质

另一个悖论是，尽管利差交易的增长提升了货币性，即从人们对货币的看法来看，增加了货币的有效供应。但从更长期来看，利差交易体系作为一个整体与通缩而不是通胀压力有关。这是一个悖论，因为利差交易增加了货币，而传统上，相对于货币需求而言，更多的货币供给与不断上涨的价格和通胀有关。

随着各国央行在 2007 ~ 2009 年金融危机期间和之后实施了越来越多的实验性货币政策，许多“硬通货”的拥趸（如金甲虫[㊀]）自信地预测通胀会非常高，甚至会出现恶性通胀。有段时间，黄金价格上涨得非常快。但除了资产价格通胀，比如某些地区的股票价格和房地产价格的通胀，从来没有出现过非常高的通胀。金甲虫们不明白的是，

㊀ 金甲虫（gold bugs）在国外投资界专指对黄金执迷不悟的投资者。——译者注

这些政策保障了，或者更准确地说，似乎保障了非货币金融资产的价值，这极大地扩展了利差交易体系。从长远来看，利差交易体系从本质上说会导致通缩而不是通胀。

长期来看，利差交易体系本身从根本上来说是通缩性的，主要是因为它存在于债务水平非常高和负担沉重的经济环境中。根据定义，这基本正确。利差交易体系事关高杠杆率和不断增加的系统性杠杆，这与不断增加的债务有关。利差交易通过杠杆来提供流动性，并通过收窄收益率差和降低资产价格波动，进一步扩展了非货币资产的货币属性，尽管这些非货币资产首先是债务工具。利差交易体系依赖于债务，并改变了债务的性质，至少暂时能使其更像货币。

沉重的债务水平本身必然会产生通缩。在其他条件相同的情况下，如果债务水平相对于收入过高，那么对信贷的需求将会降低。人们自然不愿承担更多债务。如果信贷需求较低，对于任何给定的利率水平，货币供应量的增长都会较低，因为如前所述，货币是通过银行信贷扩张创造出来的。

因此，利差交易体系会导致信贷需求在很长一段时间内增长较为缓慢，它直接对经济的长期增长造成负面影响。当然，这并不真正适用于利差交易泡沫阶段的极端情况。利差交易泡沫与信贷的投机性需求强劲相关，这意味着在利差交易崩溃之前，信贷增长速度一直会远远超过经济疲软的长期趋势。正是这种利差交易泡沫抵消了过度负债所导致的长期通缩压力。

利差交易体系导致经济中的资源配置不理想。利差交易体系会导致利差收窄，这基于如下假设，即各国央行以及IMF等其他政府或多边机构总体上不会允许过度的汇率波动或资产价格波动，并将有效地支持债务。这表明从自由市场的角度来看，信用风险定价是错误的。这意味着人们已经了解到债务至少已部分社会化了。违约或失败的成本至少将部分地在整个经济体，也可能是整个全球经济体中分担。

反过来，信用风险的这种错误定价会意味着无利可图的投资可能比真正合理的投资持续时间更长，或者相对于投资，消费将会过多（因为与消费者相关的债务利率低于合理水平）。经济合作与发展组织（OECD）经济部2017年的一篇研究论文研究了OECD经济体生产率放缓的原因，该论文指出："有理由怀疑，由于金融危机遗留的问题，没有生存能力的企业可能越来越多地存活下来，银行的宽容、长期的货币刺激以及由危机引发的中小企业支持政策举措的不断出现，都可能是罪魁祸首[㊀]。"

在全球范围内，央行的干预加上政府对经济的过度参与（债务和风险的"社会化"）导致了经济体储蓄太少、债务融资的消费太多、实际投资的预期回报很低。与流行的凯恩斯主义观点相反，全球问题并不是储蓄太多，而是总体来说，储蓄太少，债务太多。一些经济体储蓄过多，但大部分储蓄最终被浪费在效率不高的投资上。储蓄太少及资源配置不当是全球性问题，它们意味着经济增长趋势非常平缓。这会进一步导致利率降至非常低的水平。这也意味着债务负担几乎不可

㊀ 参见 Müge Adalet McGowan, Dan Andrews 和 Valentine Millot, " The Walking Dead? Zombie Firms and Productivity Performance in OECD Countries," OECD Economics Department Working Papers, No. 1372。

持续，或者在某些情况下显然是不可持续的。

然而，值得注意的是，尽管随着时间的推移，极端的利差交易体系会导致较低的经济增长，但延长体制内的利差交易泡沫反而可能会给 GDP 指标带来短期提振。考虑到 GDP 的计算方式，一旦长期资源配置被“锁定”在不当状态，即过多的消费以及过多的经济资源投入到消费品和服务的生产、过多的房地产投机和过多在建的摩天大楼，那么利差交易进一步扩张可能会提振 GDP，推动经济进一步向同个方向发展。相对于长期均衡而言，可能生产的汽车太多了，但如果随着债务工具收益率差进一步收窄，汽车融资成本变得更具吸引力，那么可能会说服一些人借钱再买一辆车。尽管正在建设的公寓楼可能太多，但如果收益率差收窄将抵押贷款利率推得更低，并导致房地产融资条件变得更加宽松，潜在的房东或投机者可能会忍不住借钱购买另一套公寓。尽管会进一步拉低长期经济增长趋势，但这个过程可以在短期内提高 GDP 指标。

因为经济增长趋势和利率逐渐下降，最终降至零，结果就会出现一个“极限消失点”。今天的 GDP 是以牺牲未来 GDP 为代价的。应该指出的是，这与传统经济观点完全背道而驰。传统经济学家会认为，由于新的就业机会和新的需求会被创造出来，而且 GDP 增长不存在极限点，GDP 增长会带来更多的增长。不过利差交易体系正在使我们进一步远离传统经济分析所假定的市场经济类型。事实上，用传统的术语来说，它正在把我们从一个由个人、个体工商户和机构承担风险并用市场定价的市场经济，带到一个风险社会化，或者被认为是风险社会化的经济中。

在利差交易体系下，债务负担高，经济增长非常有限，实际投资的预期回报率非常低，通缩力量占据上风。在通缩情况下，持有货币的需求往往很高。如果某人在银行里有 1 万美元，而商品和服务的价格没有上涨，他很可能会愿意把这 1 万美元留在银行里。如果价格以每年 100% 的速度上涨并迅速加速，他会希望尽快将这 1 万美元投入到能更好保值的资产中去。在极端通胀时期，持有货币的需求非常弱，而在通缩时期，持有货币的需求很强劲。

这意味着，在与通缩压力长期相关的利差交易体系中，持有货币的需求将会随着时间的推移而趋于强劲（即使在利差交易泡沫期间，对“真实货币”的需求仍旧疲软）。一般来说，个人和企业都希望以货币形式持有相当高比例的资产，并希望货币形式的收入占比较高。从经济学家的角度来看，这就等同于说货币流通速度不高且仍在下降，会有更高比例的货币存量将以储蓄的形式存在。

然而，图 7-1 显示，随着美国经济和金融体系在过去 20 至 30 年间发展成为一套完整的利差交易体系，传统意义上的货币需求并不强劲。作为总金融资产的一部分，美国家庭持有的货币（现金、货币和银行存款）相对较少。特别是在 20 世纪 90 年代、2003 ~ 2007 年和 2009 年以后强劲的利差交易泡沫期间，家庭持有货币占金融总资产的比例明显下降。

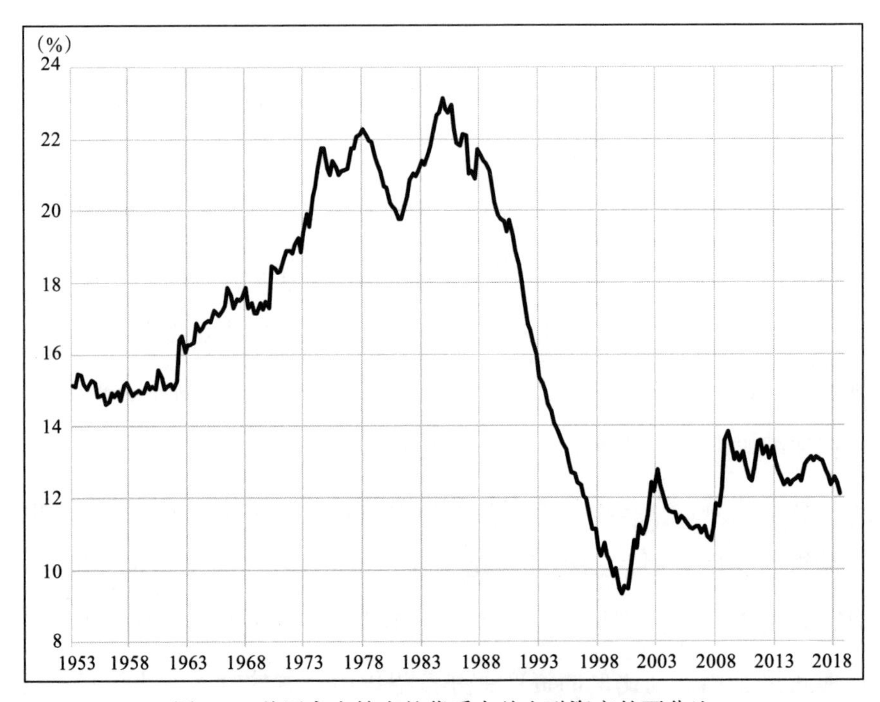

图 7-1 美国家庭持有的货币占总金融资产的百分比

资料来源：FRB。

那么，美国家庭持有什么资产呢？答案是其他金融资产，包括各种类型的债券和债务工具、股票以及共同基金，共同基金又包括债券和股票共同基金（见图 7-2）。

如果金融或经济体制存在通缩，或者至少有一个处于低通胀状态，那家庭为何会如此热衷于减少货币持有，而想要把更多的钱投入到股票和共同基金中呢？传统的解释是，它们需要一定的回报，而货币本身并不能提供太多回报，当前尤其如此。但实际情况却是，在一个潜在的通缩世界里，货币提供的回报（按实际价值计算）比过去通胀严重时要好得多。股票和共同基金是有风险的，在任何给定的时期内，最终都可能不会提供任何回报，通缩时期尤其如此。

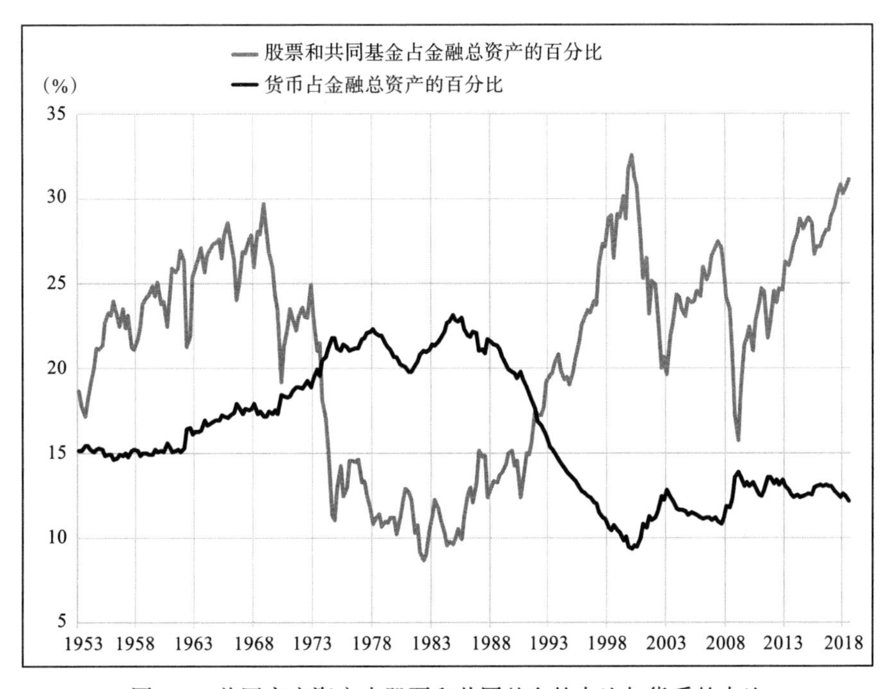

图 7-2　美国家庭资产中股票和共同基金的占比与货币的占比

资料来源：FRB。

真实的答案在于美国居民家庭并不认为股票和共同基金特别有风险。它们越来越多地认为货币以外的金融资产（包括股票）就像货币一样，由央行或政府承担责任。如果股市大幅下跌，美联储会采取一切必要措施来拯救它。毕竟，它可以印钞票。这就是它们所信奉的理念。

图 7-1 给出了家庭持有货币占其金融总资产的百分比。图 7-3 则

展示了货币在 GDP 中所占的百分比。从这个角度来看，存款已经收复了 20 世纪 90 年代以来的大部分失地。考虑到债务通缩的趋势，这是合理的，但可能仍低于预期水平。

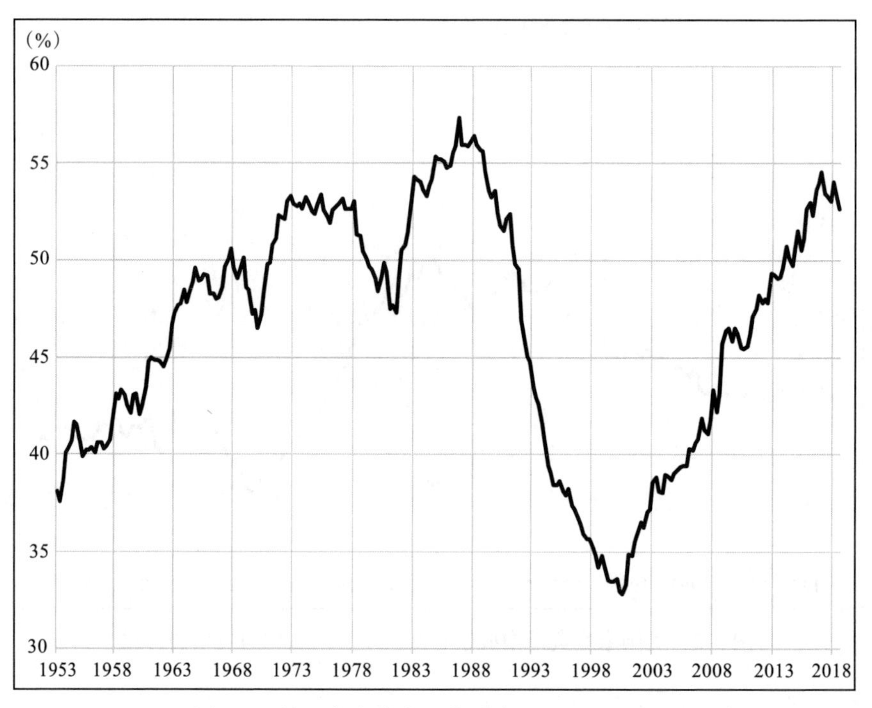

图 7-3　美国家庭持有的货币占 GDP 的百分比

资料来源：FRB，美国经济分析局。

当我们审视图 7-4 时，就会发现情况有了一些变化。在这张图中，我们把家庭持有的诸如美国国债、机构债券、市政债券、公司债券和外国债券等一系列固定收益工具，加入货币中，而这些资产作为金融资产的替代品，传统上也是最接近货币的替代品，在利差交易体系内已逐渐变得更像货币。当我们加上这些债券时，过去几年家庭持有的更类似货币的金融资产占 GDP 总量的比重明显比前几年更高了。

图 7-4　潜在类货币的家庭金融资产占 GDP 的百分比

资料来源：FRB，美国经济分析局。

这里并不是说图 7-4 比图 7-3 更好地反映了真实情况。如果这类图表可以如实代表货币持有者的认知，它看起来就与历史上更早期的货币相对 GDP 的图（图 7-3）更接近一些，但随着利差交易体系的扩大，我们越接近当代，情况就会变得越像图 7-4。随着各国央行越来越多地进行干预，类货币资产的范围逐渐扩大，它们会让每种资产都变得更像货币。

换句话说，长期看，相对于金融资产或者相对于GDP，持有货币的需求的增长幅度远远超过了图7-1和图7-3所显示的货币水平。因为人们认为更多的资产可以发挥货币功能，公众一直希望相对总资产和GDP能持有更多货币，这种愿望在一定程度上得到了满足。

那么，这个视角有助于更简单地解释2007 ~ 2009年金融危机前几年以及随后一段时间所观察到的现象。首先，正如在一场巨大的金融危机之后应该预料到的那样，伴随着潜在的债务通缩趋势，持有货币的需求实际上确实在大幅上升。其次，由于央行的行动，货币资产规模大幅扩大，这至少在一定程度上满足了人们不断增加的持有货币的欲望。从货币角度看，这就是利差交易体系的本质。它意味着有效货币供应量有了非常大的增长，这就是为什么至少在危机初期没有彻底爆发严重的通缩。

然而，在宏观层面上利差交易体系总是有着明显的薄弱环节，这也是在制度层面最终导致利差交易崩盘的原因。在第2章中，我们谈到了货币利差交易中的薄弱环节。从2003年到2007年，一个主要的薄弱环节就是大规模的信贷利差交易，在这种交易中，高风险的抵押贷款使用低成本资金融资，并将房价估值推向了泡沫化的程度。在2007 ~ 2009年金融危机的货币政策实验中出现的新的、更大的利差交易泡沫中，美国股市乃至美国整个企业部门成了薄弱环节。

自金融危机以来的几年里，各种资产货币属性化增强不断推高了股价。公司包括非银公司，已经能够发行被公众视作优质货币替代品的债券了，它们可以用这些发债收入回购自己的股票。通过这个过程，公众把股票换成“钱”，同时股票价格也被推高了。这意味着非银企业似乎变得更像银行，已经转变成了有货币负债的杠杆实体，直至利差交易崩盘。

利差交易崩盘和通缩冲击

本书前面的章节已经解释过，利差交易崩盘是利差交易体系的必要组成部分。在某种程度上，传统市场及其经济力量设法在一个逐渐变得不那么像市场的体系中发挥作用，利差交易崩盘就是达成这一目标的手段，至少人们按照传统的理解就是这样。每一次利差交易崩盘都会带来央行和政府更多的干预，从而加速市场经济的灭亡。但利差交易崩盘是（传统）市场力量重新证明自己的时候。利差交易很高的预期回报率正是发生利差交易崩盘的部分原因。

一旦我们看出利差交易体系是一种将货币延伸到非货币资产的制度，就能明白利差交易崩盘具有更深远的经济影响。利差交易崩盘不是利差交易体系的反面镜像，而是利差交易体系核心特征短暂且迅猛的反转。波动率会突然飙升，利差交易体系扩张期间创造的流动性蒸发了，由利差交易体系人为支撑的资产价格或货币汇率崩盘，人们急于去杠杆，许多或大多数金融投机者面临追加保证金的要求。

正如上一章所解释的那样，在全球利差交易体系下，VIX 可以理解为货币的价格。因此，波动率的激增代表着货币价格的突然跃升。随着金融资产的波动率飙升，货币也随之蒸发。由于价格波动性大大提高，那些原本看起来几乎和货币一样稳定的金融资产，诸如公司债务、垃圾债券 ETF 等，突然成了高风险的金融资产。此时，人们对真实货币的需求将大幅上升。这意味着通缩会快速出现，因为除非央行能够非常迅速地扩大真实货币供应量，否则现有的真实货币供应量将会不足，这就是严重货币通缩的定义。然后，实际债务负担将急剧上升，信贷需求则会进一步崩溃，从而快速形成一个恶性循环。

上述动态过程的一个至关重要的含义是，与利差交易崩盘相关的通缩会以冲击的形式出现。传统经济学家（基本上所有在媒体上看到或听到的经济学家）的工作方式是仔细审查一系列诸如就业、生产、支出，甚至可能是货币供应指标等数据，并从中推断出结论。他们假设经济是平稳发展的。如果能创造出就业机会，货币供应量在增长，通胀处于舒适水平，那么就不存在衰退或通缩的风险。但是，利差交易体系的发展并不是一帆风顺的，它不是连续的。货币供应量可能在增长，不过一旦出现利差交易崩盘，真正的货币供应就会出现不足。通胀率如果在较低的个位数水平，经济就可能处于一个舒适的水平，但在利差交易崩盘中，通胀率可能会很快变为负值。这里重复一遍我们书中前面所说的内容——股市崩盘不是衰退的信号，而就是衰退本身。利差交易泡沫及崩溃周期和经济周期成了一回事。

由此可以得出有点违反直觉的结论是，利差交易体系最终会削弱央行的权力。在利差交易泡沫期间，央行显得很强大。央行暗示将支持经济和金融市场，这很容易使得利差交易泡沫进一步扩大，并进一步营造出央行全能的感觉。不过一旦泡沫破裂，开始出现利差交易崩盘的情况，那么央行就会手忙脚乱。如果央行成功地维护了利差交易泡沫，并进一步扩大了利差交易体系，就像其在 2009 年最终所做的那样，那么央行就可以恢复权力的假象，而且程度可能比以前更严重。但实际上，与其说央行控制着利差交易体系，不如说它们只是被利差交易体系所俘获。央行扩大了利差交易体系以及最终允许的寻租机会的范围和程度。

本章说明利差交易体系本质上是通缩，但其效果却是扩大了货币范围，至少在利差交易泡沫阶段是这样，并将通常认为的非货币金融工具也包括在内。这种货币扩张过程遏制了通缩的力量；更重要的是，它甚至可能在很长一段时间内看起来像是通胀。从这个角度看，利差交易体系或许可以被视为一种市场机制，使原本不稳定的法定货币体系能够维持在一种令人不安的货币均衡上。如果没有利差交易体系的存在，整个系统将陷入螺旋式通货紧缩和债务注销的过程中。

总体而言，从某种意义上讲，利差交易体系是在刀刃上运作的，很容易就会陷入混乱。从根本上说，货币体系也是不稳定的，这是法定货币体系的必然后果，它包含了过度的债务和杠杆。利差交易崩盘本身并不一定意味着整个利差交易体系的结束。特别是，央行的行动可能会恢复利差交易体系，并再次启动整个利差交易周期。要做到这一点，央行必须采取行动来增加足够的货币供应，以适应急剧增长的持有真实货币的需求，并进一步增强债务和风险社会化的意识。一旦市场人士认为利差交易收益更有可能归于他们所有，而损失则因央行和政府行动受到保护或分散到整个经济中，那么他们将会重新开始利差交易。这可能会创造新的利差交易泡沫。

The Rise
of Carry

| 第 8 章 |

利差交易、金融泡沫与商业周期

利差交易体系下的商业周期

人们认为经济发展通常经历复苏、繁荣和衰退构成的经济周期，而对经济周期来说则一直存在不同的理论。传统观点认为，随着经济扩张的成熟，经济的闲置产能会逐渐减少，“产出缺口”会缩小。随着失业率下降，薪资增长往往会加快。渐渐地，通胀压力越来越大，利率也会上升。在某种程度上，这些压力会降低购买力，更高的利率挤压了抵押贷款借款人和其他债务人的需求，经济最终陷入低迷。

传统的货币主义观点会更多地强调央行政策和货币供应增长。从这个角度看，当经济开始过热时，经济扩张往往会结束。随着扩张的进行，对信贷的需求，包括银行信贷，往往会回升。央行需要提高利率以保持货币供应增长平稳。但通常情况下，央行加息速度太慢。随着经济走强，短期利率过低，银行信贷需求增加。因此，货币供应量开始更快地增长。考虑到央行的货币政策行动往往“滞后于利率曲线”，资产价格被夸大了，这鼓励了信贷和货币更快地增长。最终开始出现全面通胀，这会迫使央行采取更为积极的行动。但由于通胀是一个滞后指标，它在一段时间里会持续上升，央行积极行动的最终结果就是消费能力受到挤压，经济陷入衰退。最终，不断下跌的资产价格加剧了经济低迷，直到央行放松政策，上述过程开始再次循环。

上述两种观点，尤其是货币主义者的观点，都认为资产价格尤其是金融资产价格，在经济周期中扮演了重要角色。资产价格会对利率或货币供应量做出反应，并对消费行为产生影响。在经济扩张阶段，当利率“过低”时，货币信贷增长和资产价格将趋于上升。这一切都是为了鼓励更多支出和进一步加速增长，并最终导致经济过热和通胀。在这种运行模式下，资产价格仍被认为与经济有非常直接的联系。当金融资产价格上涨时，必然意味着经济运行良好，并会继续表现良好。尽管经济评论员会说，虽然他们担心未来通胀和利率上升的可能性，但目前还看不到经济衰退的影子。

当我们从利差交易的角度来理解经济时，情况则迥然不同。一个利差交易强大的经济体往往也会有沉重的债务负担。流动性的观念与其说来自高增长的货币供应，不如说来自使用杠杆（利差交易），以及抑制金融资产波动性，后者看起来可以将非货币资产变现。在经济扩张阶段，金融流动性似乎较高，资产价格上涨。但金融资产价格上涨和高流动性都是利差交易的直接结果。正如前一章所述，虽然基本上情况最终会出现反转，但经济增长其实也是利差交易的结果。利差交易有着很高的利润率，往往会提前透支未来的 GDP。

在利差交易的极端世界里，金融资产价格走高并不能保证经济运行"暂时良好"。由于此时杠杆率已经达到极端状态，无法持续，可能会突然发生利差交易崩盘，这也就意味着经济出现崩盘，而且几乎可以肯定，这会是一场金融和经济的危机。经济周期的概念不再被描述成经济随着时间的推移会呈现出或多或少平稳振荡的模式；相反，它是一种增长不起眼但稳定的过程，被剧烈的冲击打断，与本书中描述的利差交易回报模式完全一样。此外，试图预测经济冲击需要一种不同于传统经济学家所使用的方法。

利差交易泡沫和崩盘

在利差交易驱动的经济体中，任何预测经济危机的尝试，都需要对利差交易体系的发展有所了解。经济危机就是利差交易崩盘。利差交易体系发展成一个个长期的利差交易泡沫，其间穿插着剧烈的利差交易崩盘。在全球金融市场上，1993 ~ 1997 年、1999 ~ 2000 年、2003 ~ 2007 年、2009 ~ 2011 年和 2012 年出现了强劲的利差交易泡沫。1998 年、2000 年和 2008 年则明显发生了利差交易崩溃。2011 年、2015 年和 2018 年也出现了轻微的利差交易崩溃或调整。2011 年的利差交易崩盘可能是受到美联储的影响，当时美联储正积极实施量化宽松政策。

全球金融市场极其复杂。在所有不同的金融市场和工具上都可以进行利差交易，例如垃圾债券、货币（如第 2 章至第 4 章所述的货币利差交易）等债务工具，股票市场（卖出波动率策略，包括采用第 9 章要讨论的逢低买入策略），以及大宗商品市场，如原油市场等。尽管在 2008 年爆发的全球利差交易大崩盘中，一段时间所有不同金融市场的利差交易同时瓦解（同时发生利差交易崩盘），但不同市场的利差交易泡沫和崩盘不总是完全相关的。

第 7 章阐明了利差交易崩溃是如何与市场和经济的流动性蒸发联系在一起的。当波动率的峰值集中出现在更像货币的金融工具（比如债务工具和由债务工具组成的 ETF）上时，上述观点更贴切。如果大宗商品等不太像货币的工具出现利差交易崩盘的情况，那么直接的后果可能是投机资金被引导到其他利差交易中。因此，随着经济中的流动性开始消失，并不是所有的利差交易都立刻崩溃，而是某些利差交易可能崩溃，同时其他利差交易泡沫会变得更大。但从某种意义上说，在流动性减少的同时，剩余的流动性会追逐似乎仍然有效的利差交易。

2007 ~ 2009 年金融危机初期，债券和股票利差交易以及货币利差交易之间的关系就是与这种现象有关的一个很好的例子。原油利差交易与 2014 年中期到 2015 年间卖出标普 500 指数波动率泡沫之间的关系也是一个不错的例子。

2007 年夏季金融危机爆发之初，信用利差已经开始扩大，衡量标普 500 指数隐含波动率的 VIX 指标开始上升，因此利差交易开始承压。然而，货币利差交易泡沫以及原油利差交易（见下文）进一步增长。正如第 2 章所讨论的那样，货币利差交易直到 2008 年 7 月才开始崩溃，从整体上看，这距离利差交易开始崩盘已经整整一年了。似乎在收紧流动性的最初阶段，仍有投机的空间，所有这些投机活动随后都被引导到货币和大宗商品利差交易中。

就原油利差交易而言，这一点或许更为明显，从一张非常简单的图中可以看出。图 8-1 对油价与标普 500 指数进行了比较。

图 8-1 原油与标普 500 指数（2006 ~ 2015 年）

资料来源：圣路易斯联邦储备银行经济数据。

从所使用的定义以及与其他利差交易的等价性来看，大宗商品利差交易的构成结构与人们通常理解的有所不同。尤其当市场上存在期货溢价（contango）时，原油交易就会被称为“利差交易”，此时相对于现货和近月合约的期货价格来说，远月合约的期货价格更高。这会鼓励原油交易商存储原油；从这个角度来看，不断增加的原油实物库存可以用来融资，或者说是进行“利差交易”。但实际上，这里利差交易只是代表了市场应该发挥的作用，例如将需求压力沿着曲线向后传递，并确保未来的供应能够满足预期未来的强劲需求。相比之下，正如人们所知，利差交易是市场“没有按照其应有的方式行事”，或者更准确地说，没有按教科书上的经典均衡模型这个非常狭隘的角度来运行。

就简单的货币利差交易来说，利差交易者借入低利率货币投资于高利率货币。远期汇率曲线是向下倾斜的，相对于低利率货币而言，利率越高的货币，远期价格越便宜。在前面描述的基础原油利差交易中，期货曲线是向上倾斜的。当原油期货曲线向下倾斜出现现货溢价（backwardation）时，期货交易者会买入原油远月合约，希望从未来较当前较低的原油成本中获利，这就类似于原油市场上的货币利差交易。

原油利差交易者在期货曲线向下倾斜的情况下买入远月原油合约，就相当于向需要出售远期产能的产油国提供流动性，在这种情况下利差交易并不是传统套利交易（arbitrage）。例如，如果像水力压裂开采商这样的原油生产商负债累累，它们就要为未来的生产锁定价格，以确保有能力偿还债务。如果随之而来的远期原油销售需求压低了期货价格与现货价格之比，也就是说，出现了期货价格曲线反转，或现货溢价现象，那么寻求从相对便宜的原油期货价格中获利的利差交易者就会进行与生产商相反的交易。在这种情况下，我们可以认为向生产商提供融资，几乎相当于购买它们的债务。

因此，如果投机者从事利差交易，他们将买入更远月份的期货合约，以期获得期货与现货价格之间的价差贴现值所代表的收入。回到我们对利差交易的最初描述，即它是在“没有任何事情发生”的情况下赚钱的交易，我们可以看到，如果油价不变，那么利差交易者将会获利，因为较低的远月期货价格“上涨”到较高的现货价格。这种价格上涨通常被称为展期收益率（roll yield）。只要类似的利差交易在增加，它们就会起到稳定价格结构的作用，因为它们代表着市场上不断增加的多头。

在这种情况下，原油利差交易可以被视为向市场提供流动性，使生产商能够为未来的生产对冲风险。如果生产商负债累累，这一点可能对其尤为重要。但本书的一个基本主题是，通过利差交易提供的“适当”流动性，与通过鼓励不可持续债务和杠杆来积累的过多流动性之间，可能存在微妙的界限。例如，假设基于预期产出水平，目前油价相对过高，这鼓励了高成本债务融资生产的发展，这些产能可以按照高期货价格进行对冲。在没有利差交易者的情况下，随着远期对冲交易的增加，原油市场的现货溢价将会增加，以至于原油库存将会减少。那些持有原油库存的人最好是卖出现货原油，以低得多的远期价格买入远期原油。因此，抛售压力将沿着远期曲线传递回当下，导致现货价格走低，这反过来将阻碍新的钻探或水力压裂作业，并减少未来的供应。但如果利差交易者积极买入原油远月合约，以提升展期收益率，那么这种情况可能就不会发生。整个价格结构得到支撑，未来的原油供给和行业负债会持续增加。

而且，这种情况也许很容易出现。拥有资产负债表和专业知识的利差交易者通过向大宗商品生产者提供流动性来赚取溢价，从而获得适当的回报。随着这些回报日渐引人注意，它们开始吸引其他利差交易者，熟悉的自我强化动态机制开始发挥作用，不断扩大的利差交易头寸最初还能维持交易的盈利能力，但最终会破坏市场的稳定。正如在第 5 章“从事利差交易的机构”中所讨论的那样，在过去的 20 年里，这种动态过程发生的次数比以前更多，我们不应对此感到惊讶。对冲基金的增长意味着，市面上存在着规模非常庞大的资金池，可以在出现看起来有吸引力的机会时迅速开始这些交易。适当的流动性供给可能会非常迅速地转变为利差交易泡沫。

尽管如此，与货币利差交易或股市不同的是，没有央行把支撑油价作为自己的职责。尽管会有像沙特阿拉伯那样的政府提供支持，但它们运作的限制要大得多。正因为如此，我们应该预计，与股市或货币利差交易相比，原油利差交易更脆弱、更短暂。在没有央行直接干预市场的情况下，原油利差交易只是在一定程度上推迟了市场不可避免要出现的价格调整。

来自价格走势和期货价格结构的证据有力地表明，从 2007 年中到 2008 年中，以及从 2013 年初到 2014 年中，原油成为一种大规模的利差交易商品，在这两个时期之后，油价都随利差交易萎缩而暴跌。

仅是先攀升后崩盘的价格行为就暗示着利差交易泡沫随之而来的就是利差交易崩盘。但这种解释也与实际情况相吻合。图 8-2 显示了西得克萨斯中质原油期货（WTI）近月合约以及第四个月份合约和当月合约之间的价差。在价格不断攀升的时期，从 2007 年底到 2008 年初，以及从 2013 年初到 2014 年中，第四个月份合约和当月合约之间的价差是负的，也就是说，市场处于现货溢价状态，直到价格大幅下跌，它才再次为正（期货溢价）。

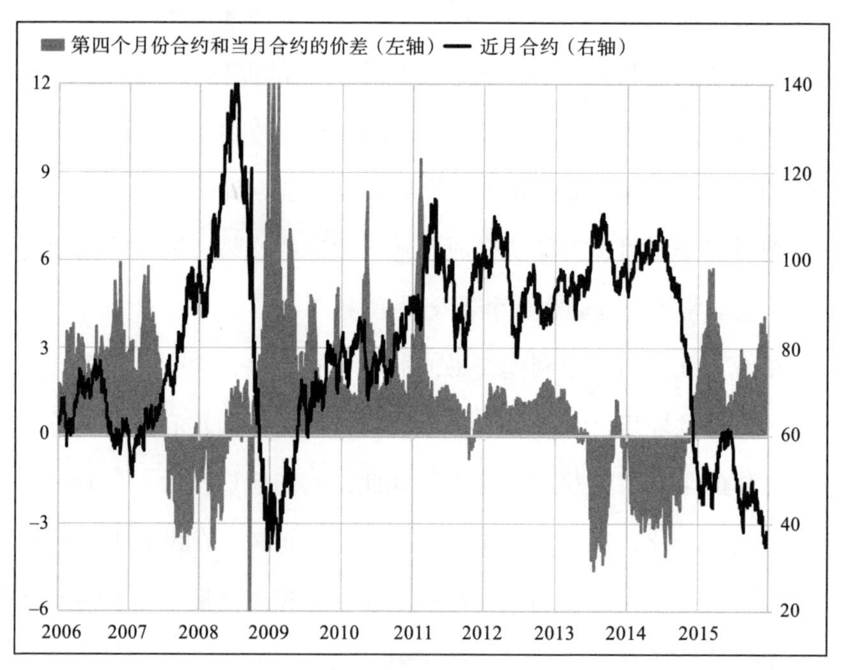

图 8-2　原油利差交易（2006 ~ 2015 年）

资料来源：美国能源情报署。

在金融市场和媒体中，2014 年的油价上涨以及随之而来的美国原油生产热潮被认为是对美国经济的明确利好。然而当油价在 2014 年下半年暴跌时，大多数人的观点变成了油价下跌类似于对发达经济体的消费者减税。这将提高实际有效收入，肯定也会有利于包括美国在内的发达国家的经济增长。一些人则担心原油行业可能会破产，以及该行业债务过高的问题，因为在油价过低的情况下，这些债务很难偿还。

实际情况则要微妙得多。风险定价错误（利差交易泡沫的后果）导致了资源错配。人们不可能再了解，在利差交易泡沫扩大期间，没有泡沫的经济会是什么样子。

这里来分析一个资源错配的极端假设案例，它有助于人们思考资产泡沫对经济的后果，可能会对读者很有裨益。想象一下，政府和央行宣布，它们最重要的经济目标是确保郁金香种球价格持续快速上涨，并准备无限量印钞，干预郁金香种球市场，以实现这个结果。因此，郁金香种球产量将大幅增加，农场将转为生产郁金香，市场上出现许多小郁金香企业和中介机构，郁金香种球库存大量积累，与其相关的投机活动猖獗。短期内，GDP 指标和私营部门利润将会增加。

可以想象，一旦郁金香种球泡沫破裂，政府和央行放弃支持市场，逆转了之前的政策，郁金香种球产业将会崩溃，生产商的债务将陷入违约。有些人可能会辩解说，这对消费者和园丁都有好处，因为现在郁金香和种球要便宜得多。其他人则可能会争辩说，由于债务违约和 GDP 损失，这将对经济非常不利。这两种说法都是正确的，但都没有抓住要害。

关键在于，郁金香泡沫导致了 GDP 和财富水平最终将低于没有泡沫时。泡沫破灭本身提高了GDP的长期潜力，因为这意味着人们不会再将经济资源浪费在该领域。但提高这种潜力并不需要当局过多干预。在非常短的时间内，GDP和财富（和就业）指标将会更低。当前郁金香种球便宜得多的事实，与这个短期结果没有什么不同。

当然，短暂的原油泡沫并不是政府以这种方式干预的直接结果。然而，它们可以被视为利差交易崛起的广泛影响之一，我们认为在很大程度上，这是央行和政府干预市场的结果。因此，我们可以从相同的视角看待结果。

不少人会争辩说，原油与其他大宗商品不同，因为原油是经济运行成本的重要组成部分，是消费者支出的重要组成部分，而且是必不可少的。但这没什么区别，重要的是油价是不是出现了泡沫。从长期看，利差交易泡沫会扭曲经济中的资源配置，并导致GDP低于没有泡沫时的水平。在较短期内，利差交易泡沫实际上可以增加GDP，但根据正确的定义，GDP指标（仅仅因为泡沫而生产的产出）增加并不代表生活水平的提高。在利差交易崩盘时，与泡沫相关的“虚假GDP”消失了。因此，从理论上讲，利差交易崩盘本身就改变了实际生活水平的长期前景。不幸的是，在利差交易体系中，实际上紧随利差交易崩盘之后的是另一个利差交易泡沫。

风险定价错误与变相的利差交易泡沫

现有利差交易体系的特点之一，就是每个连续的利差交易泡沫都与之前的不同。虽然所有的资产泡沫都可以被认为源自利差交易，但没有两个泡沫是完全相同的。此外，随着利差交易体系的发展，每个连续的泡沫都比上一个更大。但大多数观察家和参与者（无论是专业投资者还是金融评论员）显然都没有意识到这一点。随着利差交易体系在持续的泡沫和崩盘交替循环中发展，它逐渐覆盖了金融体系和所有经济部门的方方面面，削弱了传统上判断资产估值的标准。尽管华尔街辩称，因为市盈率并没有过高，股市并未处于泡沫之中，但其忽略了一个现实，即企业获利本身就是利差交易泡沫的一个功能。

因此，利差交易体系掩盖了利差交易泡沫，更难用传统指标分辨出来，但自相矛盾的是其规模又变得比以往任何时候都大。比如像第 2 章中货币利差交易等所包含的更隐晦的指标，让利差交易泡沫变得清晰起来。但金融评论员关注的是股票市盈率、与利率相比的股息收益率、相对于收入的偿债能力，或者其他各种指标，这些指标实际上只是把泡沫的一个方面与另一个方面进行比较。就像蚂蚁看不见大象一样，利差交易泡沫太大了，评论员们反而看不到。

利差交易体系的一个明确特征是，相对于经典的经济均衡模型，风险必然会被错误定价。需要注意的是，从投资者的角度来看，风险不一定被错误定价。例如，投资者可能会购买破产国家濒临破产的银行发行的债券，因为其收益率高于他们投资于其他地方可以获得的收益率。投资者可能已经完全意识到该国从根本上已经资不抵债，银行也可能资不抵债，但他们会认为，如果到了紧要关头，像他们这样的债权人会被（IMF 和其他国家政府或央行）纾困。事实上，如何将政府救助的可能性考虑在内，是穆迪（Moody's）等信用评级机构近年来不得不努力解决的问题。在这种情况下，如果投资者普遍认为债权人有可能得到救助，那么银行债务的收益率将低于没有救助情形下的收益率。从投资者的角度来看，风险可能没有被错误定价，但相对于罔顾事实的自由市场假设而言，它的确被错误定价了。

风险定价错误可能以更复杂的方式发生。信用衍生品和结构性金融产品在2003 ~ 2007年的信用利差交易泡沫中发挥了重要作用。那些债务抵押债券（CDO）将高收益债券或信用违约互换（CDS）捆绑在一起，并将其分为几部分，其中评级较高的部分对债券或CDS的收益流拥有优先债权，而评级最低的部分也就是股权级部分只对收益流具有剩余索取权，这样就掩盖了风险的性质。随着泡沫的延续，CDO结构会变得更加复杂，情况也变得更加复杂。

CDO的一个基本问题似乎是，债务捆绑组合的不同组成部分之间的风险相关性比假设的要高。简言之，采取垃圾债券捆绑的原则，并假设对该捆绑债券收益流享有的债权排名靠前的，必须只有很小的风险或没有风险，且假设该捆绑债券组合里标的债券的违约风险相对无关。不幸的是，一旦美国房地产市场崩盘，随后经济就会崩溃，所有一切都会一起下跌，事实证明这些风险是高度相关的。

然而，推动这一切的就是利差交易。正如第2章所述，2006 ~ 2007年间货币利差交易开展得如火如荼。当时人们对一般的收益感到绝望，同时也热衷于杠杆利差交易。从某种意义上说，结构性金融产品的出现是为了满足人们对利差交易的渴望，并进一步放大了利差交易带来的风险定价错误。

利差交易泡沫的出现则建立在各国央行和政府在危机期间和随后对金融市场提供的更为明确的支持的基础上。从风险社会化的角度来看，这是对风险的错误定价；从金融投机者的角度来看，则是著名的“正面我赢，反面纳税人输”。

从美联储的量化宽松政策到欧洲央行“不惜一切代价”的做法，各国央行试验性的货币政策，以及它们扩大资产负债表以支持金融市场的意愿，都向投机者发出了一个强烈的信号，即各国央行都在支持他们。正如第 6 章所讨论的那样，央行的量化宽松政策本身就是一场巨大的利差交易；央行购买收益较高的债务工具，并通过发行自己的低收益或零收益负债也就是高能货币来提供资金，而且央行正是这些债务的垄断供应商。如果央行本身正在实施巨大的利差交易，一个金融投机者怎么会因为追随央行的脚步而出错呢？至少市场的普遍观念就是如此。因此，风险错误定价与其说是与风险相关的数学计算错误有关，不如说是与现实有关，即损失的风险由广大公众承担，而回报则由金融投机者获得。

2008 年世界金融业几乎全面崩溃，被普遍认为是有史以来最严重的金融危机。从 2009 年开始，在政府纾困和央行极端措施的推动下，金融资产市场迅速转为强劲的新牛市，这显然表明我们正处于新的利差交易泡沫之中。但大多数人并不认为它是泡沫，而且随着泡沫的继续，那些确信这就是泡沫的人失去了可信度。事后来看，怀疑论者没有看到的是，如果央行和政府要成功地从 2008 年金融崩溃的废墟中创造出新的利差交易泡沫，那它必然要比危机之前的规模更为巨大。

在一个利差交易体系中，连续出现的利差交易泡沫必然会以一种改头换面的方式发展。例如，在2000年互联网泡沫破裂后，如果立即出现了另一个完全相同的互联网泡沫，那么新泡沫的规模就很难超过原来的泡沫。坦白说，人们还没那么傻。驱动力就是利差交易，它将推动产生新的资产泡沫。但是，作为利差交易形式表现出的泡沫在某种程度上必然是令人信服的，资产价格上涨在一定程度上必然有其合理性。

2009年出现的泡沫表明企业部门会更为直接地参与利差交易，并具有与非银行金融部门（有时被称为“影子银行”）相结合的新特点。鉴于银行业在2008年曾有过濒临绝境的经历，监管大幅加强和银行自己更为谨慎的做法使它们无法成为新利差交易泡沫的核心。但随着美联储将利率降至接近零，以及全球经济增长趋势进一步放缓，长期利率逐渐下降，美国经济（以及全球经济）的其他部门在利差交易活动中加大了杠杆。在这个过程中，企业部门是最重要的。众所周知，企业通过增发债券来为股票回购融资，从而提高每股收益（见第5章的图5-2）。但鲜为人知的是，企业利用金融工程来增加总收益的方式肯定也是事实，它们基本上主要是从利差交易中获取利润。

这方面的间接证据就是美国企业利润占GDP比重的表现（见图8-3）。利润占比发展变化的模式与标普500指数本身非常相似，正如第6章解释的那样，这成为一种规模巨大的利差交易。在经济增长衰退的情况下，利润占比为什么会在利差交易泡沫和崩盘的循环中逐步上升呢？如图 8-4 所示，美国个人净资产或财富相对于 GDP 表现出大致类似的发展变化模式。经济增长潜能一直在衰退，这是毋庸置疑的。实际 GDP 增长率和生产率平均水平的数据证实了这一点，更重要的是，实际利率（根据潜在通胀调整的长期利率）水平逐渐降低。非常低的实际利率（到 2015 年全球几乎为零）意味着实际投资的回报率肯定会非常低，经济增长趋势水平也很低。

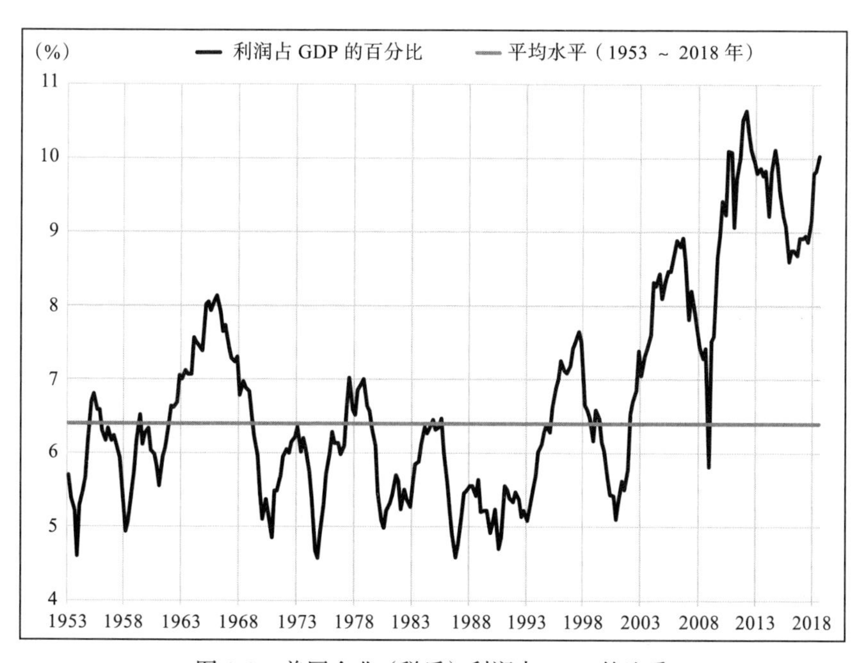

图 8-3　美国企业（税后）利润占 GDP 的比重

资料来源：美国经济分析局。

图 8-4 美国个人净资产占 GDP 的比重

资料来源：FRB，美国经济分析局。

华尔街的策略分析师和金融评论员研究了股价相对于每股收益的水平，或是市值相对于总利润的水平，并认为股票估值是合适的，特别是考虑到超低的利率。但这忽略了企业利润在 GDP 中占比非常高的情况。历史上相对于 GDP 非常高的财富水平，是金融资产价格，特别是股票价格非常高的结果。如果华尔街策略分析师是对的，这就意味着，历史上糟糕的经济表现莫名其妙地导致人们总体上变得非常富有。

实际利率非常低，意味着实际投资回报会非常低，也就意味着收益率会很低（因此市盈率将会很高）。这些也一定意味着可持续分配的利润份额非常低。正如利差交易泡沫所显示的那样，短期内利润可能会很高。如果一家公司能够以接近于零的实际利率和极低的名义利率获得低成本融资，那么公司管理层很可能会发行债券，并将所得资金投资于可以获得当前收益率的资产。这能立即提振利润。例如，如果该资产是商业地产，而许多其他资产也在进行同样类型的交易，那么商业地产价格将被推高，交易也可能产生资本收益。

然而，从长远来看，目前的收益率不可能无限期地持续下去。如果是这样的话，那就意味着潜在的增长会更强劲，因此利率水平会更高。目前的收益率只能在短期内保持，因为正如本书在前面解释的那样，利差交易过程在短期内会支撑 GDP。一旦发生利差交易崩盘，经济就会崩溃，企业收益就会蒸发。基于这一点，通过举债来购买短期收益显然是不明智的。

所有传统的经济逻辑和常识都认为，在基础经济增长几乎为零、通胀率非常低（通缩风险很高）的经济环境下举债是不明智的。举债最明智的时机是在通胀非常高的时候，因为非常高的通胀侵蚀了债权人本金的实际价值，从而减轻了债务人的实际负担。然而，在 2009 年开始的利差交易泡沫期间，承担更多债务的公司、其他实体和个人反而会因此获得回报。这就是利差交易泡沫的本质。

当然，如果利差交易体系最终在交易崩盘中得以维持，那些运用利差交易逻辑并变得更加杠杆化的公司，如果有足够的资源并在利差交易崩盘中幸存下来，就可以重新繁荣起来。只要利差交易体系持续下去，经济逻辑就将变为拥有最多资源的利差交易者最终获胜。

利差泡沫和庞氏骗局有相似之处吗

在前述利差交易泡沫和庞氏骗局中所描绘的动态过程之间有明显相似之处。例如，从利差交易崩盘中产生的新的泡沫往往比前面的更大，这就类似于遭受挤兑的庞氏骗局的情况。如果庞氏骗局要从挤兑中恢复过来，那么它就要变得更大；信心测试成功后的信心恢复表明了这一点，就像要求该计划继续扩大规模一样，因为任何资金流出都需要流入新资金来融资。

例如，想象一下伯纳德（伯尼）· 麦道夫经营的臭名昭著、规模巨大的庞氏骗局的另一种假想替代方案（当然这是完全不现实的）。2008年12月，在雷曼兄弟公司倒闭引发的全球利差交易崩盘期间，麦道夫的巨大庞氏骗局也崩溃了。在麦道夫的计划崩溃时，其客户在该计划中拥有650亿美元的虚假债权。

麦道夫骗局是一个典型的庞氏骗局，其操作简单，只需在客户账户中编造虚假的业绩，以反映良好和稳定的回报，同时引入新客户为从该计划中的任何提款提供资金。在雷曼兄弟引发的全球崩盘期间，资金正从对冲基金中撤出，名义上规模庞大的麦道夫庞氏骗局陷入困境已经有段时间了，由于无法吸引必要的资金流入，以满足提款需求。但假设曾经是华尔街社区支柱的麦道夫能够向政府和美联储寻求帮助，并获得救助。想象一下，假如财政部以高息向他的公司提供了一笔巨额贷款，且美联储提供了流动性，并宣布它支持麦道夫基金，并将向其提供所需的任何流动性。

当然，有了这样一种可靠的担保，资金就会被重新吸引到麦道夫计划中来。在高而稳定的回报和美联储无限的“流动性”支持下，至少客户会认为它是不会出问题的。很快，随着市场复苏和新的利差交易泡沫开始出现，该计划中未偿还的名义金额将比以往任何时候都要大。新流入的资金很快就足以偿还政府贷款。金融评论员会争辩说，对麦道夫的救助取得了巨大的成功，纳税人从他们的贷款中获利了。

最终，总有一天，该计划中名义金额巨大的未偿还债务规模将不可避免地导致另一轮挤兑。美联储和政府将不得不就是否再次救助该项目做出决定。在这种假设中，这种增长和崩溃或者说接近崩溃的模式需要政府和央行的支持，然后只要能触发新一轮增长计划，这个模式似乎就能成功，上述过程显然类似于泡沫和崩盘并存的利差交易体系模式。

规模相对较大、持续时间较长的庞氏骗局通常有四个主要特征：①理应记入参与者或投资者信用的资金并没有等值的资产作为后盾，因而从根本上评估资产的价值，就要从它们可以获得或生产的商品和服务的未来收入着手。②一旦提款超过新流入资金持续时间过长，该计划便会崩溃。③该计划一般都得到或似乎得到政府、当权者或受尊敬的人的支持。④发起人或内部人士收取比承诺资金更高的“费用”。

与利差交易的概念一样，从参与者的角度来看，即使不是对整个经济而言，(作为“投资者”）参与庞氏骗局可能是理性的。曾在印第安纳大学工作的经济学家乌特帕尔·巴塔查里亚（Utpal Bhattacharya）对这个概念进行了研究。在他题为“有限经济中庞氏骗局的最优设计”

的论文中，巴塔查里亚指出，在一个即将终止的庞氏骗局中，如果该计划足够大，并且预计崩溃后的救助将不可避免地给非参与者带来成本，那么（当缴款被认为是分批进行时）参与最后一轮仍然是合理的。[㊀]对该设想一种扩展的解释是，即使庞氏骗局被认为可能处于该计划可行性的后期阶段，加入它也可以获利。这项计算归结为：**该计划剩余期限里的潜在收益**与**参与者崩溃时的预期成本**的差，相对于**政府救助导致非参与者崩溃的预期成本**的大小。

对整个经济来说，长期庞氏骗局的四个特征与利差交易泡沫的特征是相互呼应的，或者至少前三个特征是这样。第一个特征，基本上是说相关的财富是不存在的，如图 8-4 所示，利差交易泡沫也是如此。第二，当提款超过新流入的资金时，该计划就会崩溃，这让人想起利差交易崩盘。第三个特征是该计划可能只有在得到权威人士的支持后才会长期存在，这也同样出现在美联储和其他央行提供支持的利差交易泡沫中。

上述这些都意味着，从分析上看利差交易泡沫和庞氏骗局在许多方面是一致的。但二者也存在差异，这些差异在预期经济发展方式方面可能很重要。一个潜在的重要区别是，利差交易泡沫更有可能在非生产性投资中错配经济资源（尽管也会出现过度消费和储蓄不足），而纯粹的庞氏泡沫更可能完全表现为过度消费和储蓄不足。

从经济学的角度来看，至少相对于经典的经济均衡来说，利差

㊀ 参见 Utpal Bhattacharya, “The Optimal Design of Ponzi Schemes in Finite Economies,” Journal of Financial ntermediation, January 2003。

交易泡沫可以被描述为风险定价错误。当然，庞氏泡沫只是简单的欺诈，尽管在投资者处于理性的情况下，区别很模糊。利差交易和庞氏骗局之间更为根本的区别是，利差交易体系是社会，甚至是全球经济中权力失衡的一种更为微妙的表现。正因如此，最终它可能会更为危险。

The Rise
of Carry

| 第 9 章 |

基于波动率结构的利差交易

从财务角度来更深层次地理解利差交易体系

利差交易体系不仅仅是某种金融市场行为的抽象表现，它也包括了各类资产（以及大宗商品）市场中交替出现利差交易泡沫和崩盘的过程，它已经延伸到了全球经济的方方面面，这意味着全球经济本身也出现了同样的进程，即相当长时间的稳定伴随着不起眼的增长，而这些一旦被中断，就会出现可怕的经济崩溃和危机，使大多数人措手不及，并想尽办法寻找解释。这会影响到每个人，因此具有非常广泛的影响。

然而，即便我们理解这些观点，它们也引发了几个很难确定答案的问题。利差交易体系是不可避免的吗？全球市场和经济能否以一种不同的方式发挥作用？如果利差交易体系不是不可避免的，或者不会永远存在，那有什么可以取代它呢？在这种情况下，我们如何知道利差交易体系能否以及何时结束？

本章的出发点是从深层次理解为什么美国市场尤其是标普 500 指数，是全球利差交易体系和市场波动率结构的核心。这种观念可以在未来帮助我们判断利差交易体系的性质是否发生变化。

在本章，我们会更深入地研究波动率结构，相关内容已在第 6 章中做过介绍。那些对衍生品市场并不感兴趣的人，可能会觉得本章的内容相当抽象。相反，那些熟悉衍生市场的人士会发现，有些资料会相当熟悉，而有些又过于简化。我们的目标只是阐明利差交易或卖出波动率策略的预期回报是如何嵌入到美国股市波动率和回报结构中去的。正如本书宗旨所言，这可以被解读为市场要向利差交易者提供回报，以补偿他们为市场提供流动性服务。杠杆率更高往往意味着卖出波动率可以获得更高收益。这意味着尽管不时会出现崩盘，利差交易仍会带来高额回报。央行往往在其干预活动中扮演着超大型利差交易者的角色，进而创造了一个具有更大泡沫和崩溃后果的利差交易体系。在利差交易泡沫期间，风险定价往往会出现严重偏差。

波动率和期权

在第 6 章我们已经讨论了如今在金融市场中波动率是如何定价和交易的。顺市交易就是买入期权特性（optionality)。拥有期权是有价值的，因此很昂贵。如果顺市交易就像买入期权那样，它就应该花费不菲。怎样才能调整这种成本呢？当然，我们可以简单地直接查看特定期权的权利金，但要更直观地了解期权特性的成本，一种方法是考虑复制拥有期权所涉及的成本。以平值看涨期权为例，其盈亏情况简单又常见：在期权到期时，如果标的资产价格高于期权行权价格，看涨期权的盈利与标的资产价格按等比例上升；如果资产价格最终持平或低于行权价格，期权就一文不值。

假设资产的初始价格是100美元。对于一个行权价格为100美元并在一个月后到期的某个资产的看涨期权来说，投机者将如何进行交易以便复制它的收益？对于投机者来说，最简单的方法是，只要资产价格高于100美元，就决定买入，而当价格低于100美元时，就卖出。由于当前价格等于行权价格，如果预期下个月没有任何变化，看涨期权到期时价值为零，所以投机者开始时不会持有头寸。如果第二天资产价格在100美元以下，投机者可以什么都不用做；但如果资产价格升至100美元以上，投机者需要立即买入标的资产。在这个月中，每当价格升至行权价格或其以上时，投机者需要买入资产；每当价格从上方跌破行权价格时，投机者需要卖出。换句话说，复制看涨期权的收益行为涉及顺市交易。在这种情况下，投机者需要交易的次数是资产价格跨越行权价格的次数，价格上下波动越多，需要的交易就越多[⊖]。每次投机者必须交易时，都会有至少包括买卖价差和任何佣金或交易费用在内的成本，而且成本也可能会更大，这取决于市场价

⊖ 这里提到的期权复制策略，与采用任意的隐含波动率作为布莱克–斯科尔斯（Black-Scholes）期权定价模型进行期权复制的方法是一样的。

格的变化速度，以及投机者必须交易时的市场流动性。

更广泛地说，每当标的资产价格升至行权价格上方时，买入名义成交金额与标的资产等值的期权合约，并在每次低于行权价格时卖出等值名义成交金额的期权合约，这就是复制期权的有效策略。对此，一个有用的经验法则是，交易者要购买与标的资产价值成一定比例的期权合约，该比例等于他估计期权合约到期时最终处于实值状态的可能性。例如，考虑到资产价格在一定程度上低于行权价格，但距期权合约到期仍有充足的时间，而且价格的波动率足够大，在合约到期前大概率会升到行权价格上方。假设投机者认为期权合约到期为实值的可能性为 40%，他可以持有 40 股股票，以便复制 100 股股票对应的期权[㊀]。类似地，随着价格的上下波动，他们估计期权合约以实值状态结束的概率也会随之上升和下降。因此，他必须顺市交易，以维持复制策略。当价格上涨时，必须买入；当价格下跌时，就必须卖出[㊁]。很容易看出，任何这类期权复制策略的成本都与资产价格的波动率有关。

相反，想要卖出期权的投机者可以采用相反的方式即逆市交易来复制卖出看涨期权的盈亏情况。逆市交易就是卖出期权特性。在逆市交易中，投机者不断增加亏损的头寸：价格下跌时买入，价格上涨时卖出。从历史上看，正如第 6 章所解释的那样，由于隐含波动率一般高于实际波动率，卖出波动率一直比买入的收益更好。也就是说，卖

㊀ 希腊字母德尔塔（delta，绝对值）可以近似视为该期权到期时成为实值期权的概率。

㊁ 因为投机者对资产波动率的预期也会影响他对期权以实值状态到期的估计概率，这里假设其对资产波动率的预期相对不变。

出波动率似乎存在风险溢价，即高于无风险利率的正预期回报。特别是，卖出美国股市波动率存在极其明显和丰厚的风险溢价，这对理解全球利差交易体系的性质很重要。

用收隐含和付实际的方式卖出波动率

第 6 章介绍了卖出标普 500 指数波动率最直接的方法，比如做空波动率股指期货。但卖出波动率的方法有很多种，理解这些不同的方法对于了解卖出波动率策略如何转换到股市本身，进而转换到其他资产上市很重要的。

一种非常普遍也很重要的方法是，直接构建一笔交易，如果某个时期的隐含波动率超过实际波动率，就可以直接获利。要做到这一点可以通过卖出期权进行德尔塔（Delta）对冲来实现。Delta 对冲是一个重要理念。

任何期权产品在其基础资产价格变动时都会发生价格变化。一个临近到期的极度实值期权，几乎肯定会以实值状态到期，其价格将非常接近当前的标的资产价格减去行权价格。如果第二天标的资产价格稍有变动，期权价格将与标的资产价格几乎以相同比例变动。相反，一个临近到期的极度虚值期权，到期时期权几乎肯定是虚值，其价格将非常接近于零。如果标的资产价格第二天稍有变动，该期权价值仍会接近于零，其价格与标的资产价格变动比几乎为零。

期权价格相对于标的资产价格变化的程度称为期权的 Delta。对于标的资产价格的微小变化，交易者可以通过买入或卖出相应标的资产

Delta 头寸来对冲相关期权空头或多头的风险。更普遍地说，如果有一个投资组合通过动态交易标的资产，就总是拥有与相关期权一致的 Delta，交易者就能复制该期权；这个投资组合复制策略将获得与该期权相同的回报。这正是我们在前面用来解释复制期权可能性的确切思路。期权可以通过交易标的资产进行复制，因此就能对冲，这种想法（理论上）使得期权本身可以很容易地进行交易。

当标的资产价格发生变化时，期权本身的 Delta 也会发生变化。Delta 相对于标的资产价格的这种变化称为伽马（Gamma）。Gamma 的本质就是期权特性。如果期权头寸的 Gamma 为正，它的 Delta 会随着标的价格上升而增加。这意味着期权头寸在价格上涨时增加了市场风险，即标的资产价格上行的风险会增加，而随着标的资产价格下降，期权头寸的 Delta 也会减小。在价格上涨时风险增加，在价格下跌时风险减少，这是一个理想的特征，因此需要一定的成本。这种风险敞口模式相当于顺市交易。相比之下，Gamma 为负的期权头寸的风险模式相当于逆市交易。因为这是有风险的，会面临潜在的爆炸性损失，所以应该获得权利金的补偿。

卖出期权并进行 Delta 对冲，意味着持有期权空头，并持有复制期权投资组合多头。卖出期权会收到卖出期权的费用，这笔费用相当于在期权剩余期限内复制期权的预期成本，并受期权隐含波动率的影响。与此收入相对的是管理复制产品组合的实际成本。由于复制期权意味着买入期权特性（顺市交易）的成本将由资产实际波动率决定，因此，卖出期权并进行 Delta 对冲的利润取决于隐含波动率和实际波动率之间的差额。如图 9-1 所示，由于隐含波动率系统性地高于实际波动率，总体上卖出期权 Delta 对冲是有利可图的。

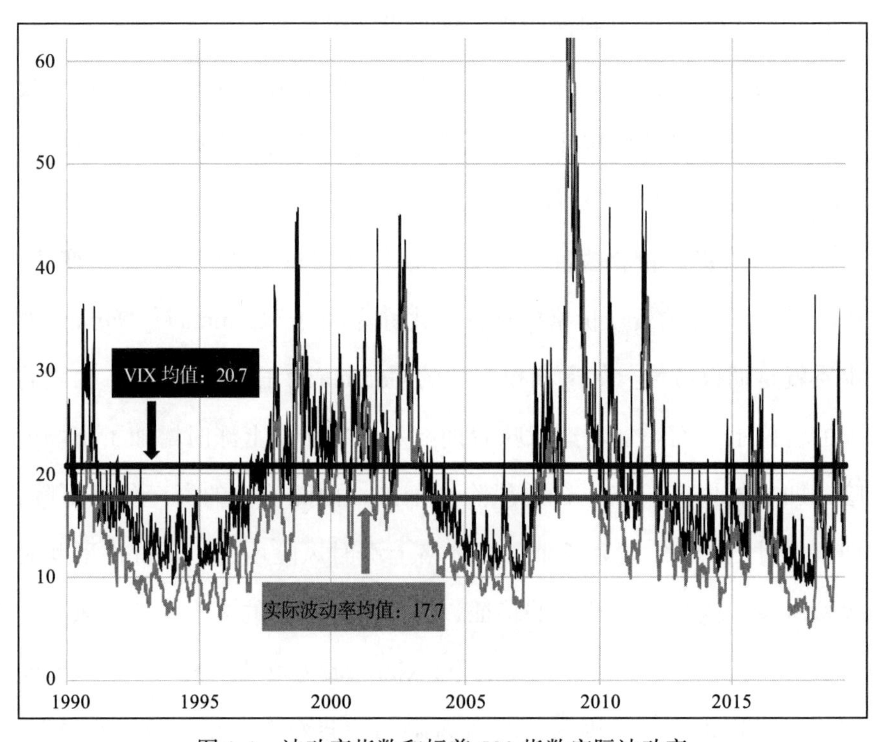

图 9-1 波动率指数和标普 500 指数实际波动率

注：该图显示，从 1990 年的第一个交易日到 2019 年 3 月 29 日，黑色的 VIX 与灰色的标普 500 指数过去 60 天接近收盘价的实际波动率（年化）形成了对比。水平线显示该期间的波动率指数均值和平均实际波动率均值，其中波动率均值用标准差计算。长期的隐含波动率和实际波动率之差约为 3 个百分点。

资料来源：雅虎金融，作者的计算。

如果交易者卖出未对冲期权怎么办？他们会收到卖出期权的费用，并根据期权到期时标的资产的最终走向随机支付一笔钱。在任一笔交易中，未对冲期权的盈亏都比 Delta 对冲期权的盈亏更具随机性。但如果交易者反复出售未对冲的期权，那么期权长期平均盈亏将以同样的方式由标的资产价格的波动率得出。不同之处在于，它将用期权剩余期限内的波动率来衡量，而不是由交易者在对冲频率上的波动率来衡量。比方说，交易者卖出的是一个月度的非对冲期权，而不是每日对冲一个月度期权，那么他们支付的平均金额将由月度回报的波动率而不是日回报的波动率给出。

在独立正态分布收益的标准假设下，（年化）月波动率应与（年化）日波动率相同。但从经验上看，月波动度和日波动率存在系统性差异。这种差异可以解释为波动率风险溢价的另一个组成部分。

通过收实际（近月）和付实际（远月）来卖出波动率或逢低买入

这里再回到卖出期权并进行 Delta 对冲的例子。交易者为什么要进行对冲操作呢？正如前面所述，Delta 对冲头寸的收益更为确定，受市场干扰因素的影响更小。对冲操作可以帮助交易者将其期权空头的部分风险转移给另一方。承担这种风险的交易对手会要求相应的补偿。

具体我们可以通过考虑交易者的交易对手所必须持有的头寸来理解这种风险的性质。交易者通过复制期权多头来进行 Delta 对冲。他们可以进行顺市交易，即通常在一些特定的短时间内调整对冲操作，可能是每天，甚至是日内盘中。因此在短期里，交易对手同样在做相反的事情，即必须通过逆市交易来复制期权空头。交易对手必须为所承担的风险获得收益，而这种风险来自交易者用来在特定时间间隔内调整其套保投资组合的逆市交易。

对于那些通过针对基础价格波动而直接卖出期权特性的投机者，基础资产市场的回报结构是如何允许他们获得风险溢价的？答案是，短期波动率比长期波动率更大。特别是，如果日波动率超过月波动率，每日复制一个月度的期权空头的投机者（他们是做空每日对冲一个月期限期权 Delta 的交易对手）将获得平均收益。如图 9-2 所示，这显然是过去 25 ~ 30 年存在的情况，它用标普 500 指数的日波动率与月波动率的比值表明了这一点。

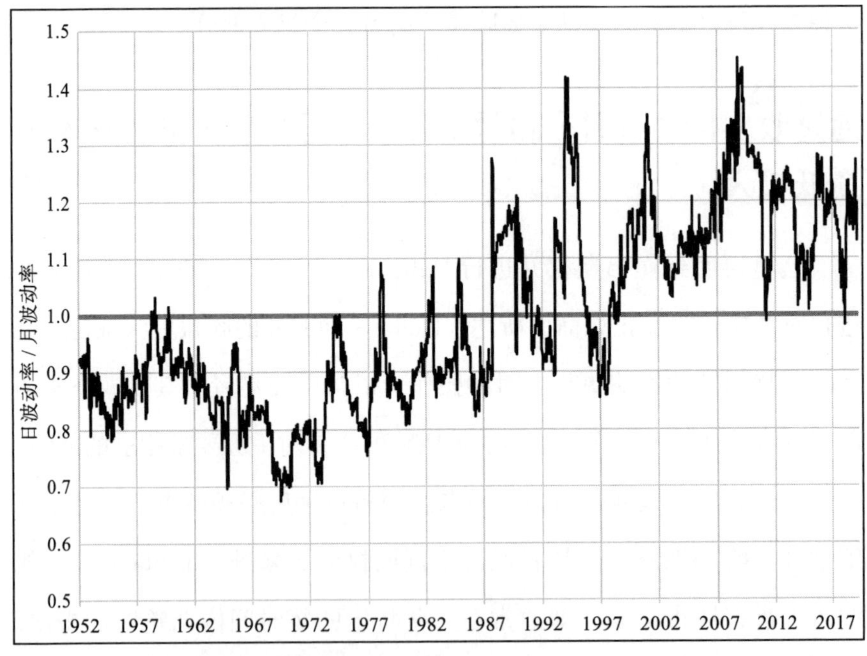

图 9-2 标普 500 指数日波动率与月波动率的比率

注：该图显示了两年期日收益波动率除以两年期月（21 日）收益波动率。高于 1 的值意味着在过去两年中，日波动率大于月波动率，低于 1 的值则相反。

资料来源：雅虎金融，作者的计算。

如果观察到日波动率超过月波动率，就意味着回报会出现均值回归。某个方向上短期大幅波动可能会在较长时间内实现部分回归。那么获取这种收益最直接的方式是什么呢？

卖出期权特性涉及逆市交易。比方说，投机者遵循的策略是买卖其权益头寸的一部分，而这与市场走势正好相反。例如，如果市场从 100 美元开始上涨了 1%，他们就会卖出价值 1 美元的股票。如果市场下跌 2%，他们就会买价值 2 美元的股票。我们称该策略为“出售一个实际的 Gamma”。（可以称其为逆向策略，即买入或卖出与市场走势完全相反的股权比例，就是“买入一个实际的 Gamma”。）我们需要定义此交易的频率也就是复制时间范围。如果在每天交易结束时，投机者检查每天的价格变化，并按照这个数额来调整头寸，那么他们就是“卖出一天实际的 Gamma”。

以这种方式卖出期权特性存在巨大风险。因为投机者总是随着市场的上涨而抛售，如果市场继续走高（或显示出上行势头），可能会面临突如其来的巨大损失。同样，投机者在市场下跌时买入，如果市场继续走低（或显示下跌势头），将面临损失所有资本的风险。由于这个策略蕴含风险，投机者需要额外的收益补偿才会从事这类活动。然而，如果价格在最终回到起始点附近时反弹，那么投机者将能够在价格波动前后低买高卖，价格波动越大，获得利润越大。

过去 30 年来，标普 500 指数一贯的特点是，市场的波动率在不同的度量或复制的范围上存在着系统性差异。具体地说，较短期限（如一天）的波动率高于较长期限（如一个月）的波动率。这意味着，在波动率较高、期限较短的情况下卖出实际的Gamma，并在波动率较低、期限较长的情况下回购，是有利可图的。用较低的较长期波动率回购实际的Gamma，可以确保在这个水平上对冲大幅亏损的风险。如上所述，卖出一天实际Gamma并买入一个月实际Gamma策略的利润，与日方差和月方差之差，即日波动率的平方减去月波动率的平方成正比。图9-3显示了在标普500指数上使用该策略的历史回报走势。

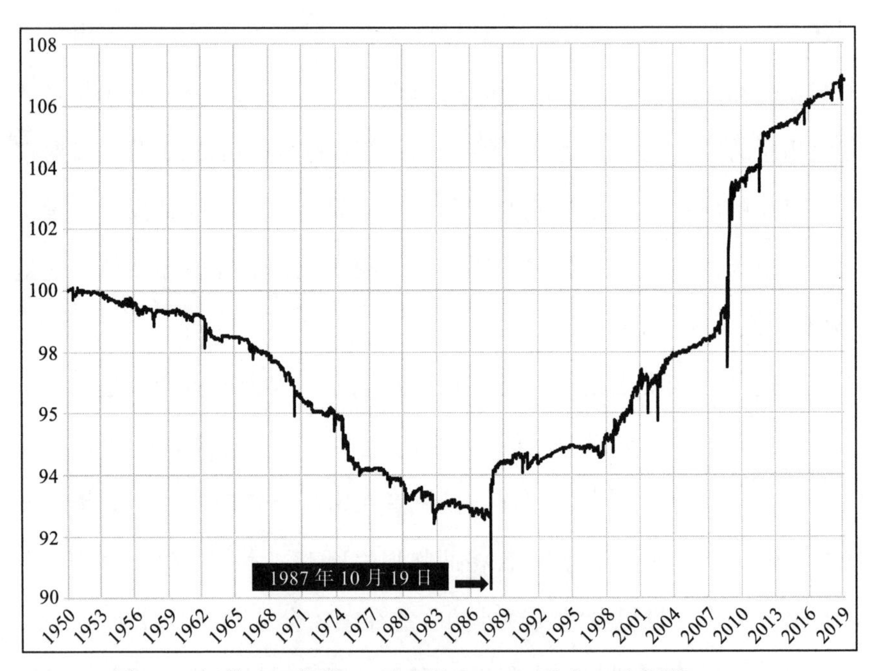

图9-3 标普500指数21天实际Gamma减去1天实际Gamma

注：该图显示了卖出日实际Gamma（每天逆市交易）和回购21天实际Gamma（每21天顺市交易）策略的回报走势。1987年10月股市崩盘在图中显而易见，也能看出2001年、2002年、2008年和2011年小幅短暂回撤。

资料来源：雅虎金融，作者的计算。

图9-3表明，自1987年10月以来，押注于标普500指数波动率

均值回归[1]的策略持续获得正回报。目前尚不清楚标普 500 指数的波动率均值回归现象是真正开始于 1982 年股指期货交易的出现，还是始于史无前例的 1987 年股市崩盘后。当然，正是股指期货使得投资组合保险策略成为可能，人们普遍认为投资组合保险策略是 1987 年崩盘的直接原因，而它只不过是复制了期权多头策略。在股指期货出现之前，往往用动量策略对诸如宽基股票指数进行投资组合保险（这是一种需要经常进行顺市交易的策略），这会因为交易成本而变得不切实际，而且在遥远的过去，这里描述的均值回归波动率溢价似乎超过了个别股票较大的买卖价差。（买卖价差也可以被认为是波动率溢价的一种形式，我们将在后面简要解释。）

我们可以观察到，从经验来看，这种短期均值回归策略的所有利润都来自多头（即在市场下跌时买入）。这种策略复制了卖出期权特性，通过逢低买入策略来发挥作用。

当今每个交易者都知道逢低买入是一种有利可图的策略。为什么它会是有利可图的呢？一种观点是，逢低买入者可以提供市场所需的流动性。因为下跌的市场让交易者想要或者需要卖出，交易者愿意为成功的卖出付出代价。（一些交易者会高呼“让我出去”，有时还会加上一句脏话，以额外增加一些紧迫性。）这与持有杠杆头寸的边际交易者一致，因此他们需要买入，并愿意为买入期权特性支付溢价。

[1] 原文此处为标普 500 指数的均值回归，但结合上下文及实际数据，作者应该指的是波动率的回归。——译者注

逢低买入的风险有多大？其风险在于，与日回报波动率相比，月度回报存在非常大的下行空间。风险在于市场持续下跌，没有反弹；下行回报变成了连锁反应。风险在于，市场可能会短暂地进入当前下跌会引发进一步下跌的状态，而且不会在更长的时间里出现小幅反弹。当然，当在利差交易崩溃过程中无法使用杠杆时，也会出现这种情况。

顺便说一句，美国股市在超过 5 年的较长期限内的波动率水平，一直远低于其在一年期限内的波动率。在不考虑基本面的情况下，这为观察指数长期估值指标（如席勒市盈率、托宾 Q 值等）的有效性提供了一个视角。

波动率溢价的均衡结构

卖出波动率就是卖出期权特性。逆市交易相当于做空波动率。不同的波动率衡量标准对应不同期限的隐含波动率或实际波动率；VIX 期货次月合约对应两个月期的远期隐含波动率，而每周一次的 Delta 对冲期权头寸的操作对应着 5 天的实际波动率，以此类推。卖出波动率使用杠杆交易是因为它实际上是一种空头策略。由于它愿意提供期权特性这种“资产”，而其价格可以无限上涨。[一]

[一] 应该指出的是，确实存在天然的无杠杆空头波动率交易，特别是卖出完全备兑看跌期权的交易。这类交易不会出售恒定数量的波动率，因为随着亏损的增加，它们的 Gamma（有效波动率头寸规模）会缩小。设想一个投机者卖出了一个完全备兑平值看跌期权，结果却看到市场立即以前所未有的幅度暴跌，比如 30%，那么波动率将会飙升，这可能正是卖出波动率的投机者可能最希望做空波动率的情况。但卖出的看跌期权将成为极度实值期权，以至于几乎所有的期权 Gamma 都将变成 Delta。投机者将发现自己实际上做多了标的资产，几乎没有波动率敞口，为了再次做空波动率，将不得不再卖出新的期权。

对于任何给定的风险衡量标准，做空波动率都应该比做多股票提供的预期回报更高。这是因为做空波动率意味着做空和加杠杆，会面临无限的损失。(例如，一个在 2008 年 5 月至 11 月期间做多股票的投机者将损失约 40% 的资金；如果她做空波动率指数期货，她的损失将是原来的三倍。另一个例子是，2018 年 2 月 5 日做多股票的投机者将损失约 5% 的资金；如果他做空 VIX 期货，他将损失 95% 的资金。）在一个有杠杆交易、存在偏度[⊖]的利差交易体系下，股票下跌的速度可能会远远大于上涨的速度，波动率水平上升的速度也可能会远远超过下跌的速度。

图 9-4 总结了单个资产均衡波动率溢价的期限结构。该图显示了波动率的三个关键特征。首先，上方的线显示隐含波动率更高。它看上去很直观地表达了在 VIX 期限结构的所有点上做空 VIX 期货都有利可图时，所需满足的条件。(图表顶部的横轴表示隐含波动率，从现货波动率指数一直到五个月后的股指波动率期货合约。）

其次，下方的线显示了使用不同时间间隔数据计算的实际年化波动率，即预期标准的年度价格波动。当以较短的间隔（如一天或一周）测量时，波动率比使用月度或年度观测数据计算的波动率更大。(实际波动率的期限结构包括从瞬时到 7 年等各个期限，显示在下方的水平轴上。）

第三个特征是，隐含波动率从来没有低于实际波动率——即使隐含波动率曲线（VIX 指数）上的最低点，也不低于实际波动率曲线上

⊖ 偏度代表着尾部风险。——译者注

的最高点，即瞬时实际波动率。

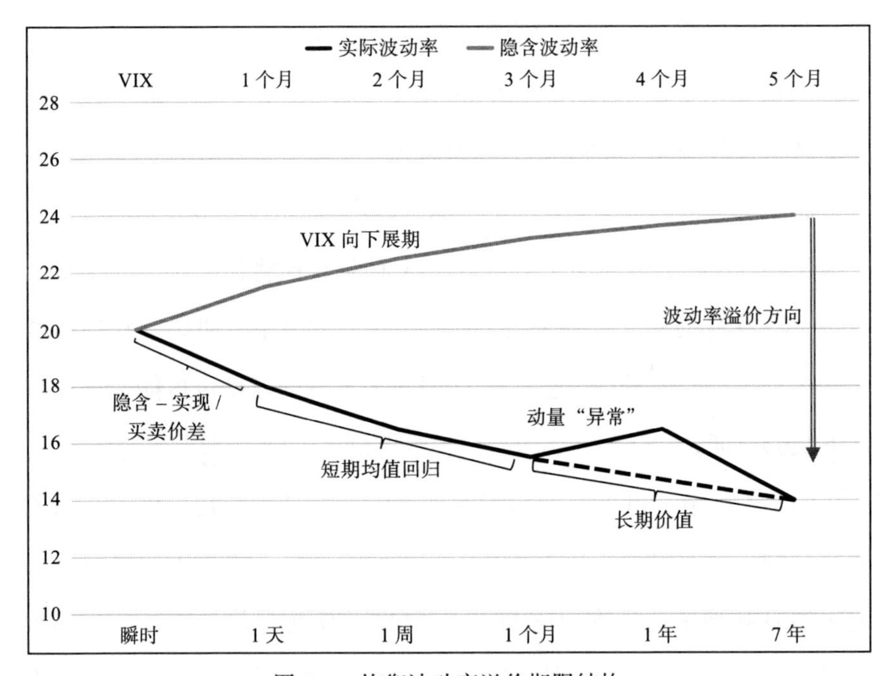

图 9-4　均衡波动率溢价期限结构

注：图中上方的灰线是隐含波动率现货和远期价格，对应顶部水平轴；下方黑实线显示测量时间范围上的波动率，对应底部水平轴。隐含波动率是 2009 年以来 VIX 指数均值的程式化版本。实际波动率数据是标普 500 指数自 1988 年以来按期限划分的实际波动率的程序化版本。

可以通过卖出较高的波动率并买入较低的波动率来获得额外收益。图 9-4 直观地总结了我们在本章和第 6 章中给出的所有做到这一点的例子。交易者可以使用远月 VIX 期货合约来做空波动率，并随时间沿着曲线展期获利。遵循这种策略的交易者可以利用波动率曲线的第一个特征，通过提供未来流动性和杠杆隐含价格的风险头寸而赚取额外收益。波动率可以在短期内（通过逆市交易）卖出，然后在较长期限

（如一个月）后买回（通过顺市交易）。通过在短期和长期之间提供流动性来赚取额外收益，这与实际波动率随着时间跨度增加而下降的事实相一致。最后，波动率会以期权合约的形式按约定的期限出售，并可以通过在标的资产中复制波动率多头，并以较短的频率进行 Delta 对冲。这就利用了波动率的最后一个特征，即隐含波动率系统地高于实际波动率。使用这种策略的交易者会因向市场提供即时流动性而获得补偿，实际上他们的行为就像做市商。

到目前为止，还有几种其他类型的波动率溢价没有分析。波动率存在偏度的事实意味着，隐含波动率对于远月虚值看跌期权来说过高。也就是说，如果市场下跌，波动率上升是“意料之中的”。卖出这些虚值看跌期权将获利不菲，而且，如果市场下跌，做空波动率风险会有更大的权利金收益。有趣的是，偏度似乎与短期均值回归相似。两者都表明逢低买入策略存在额外收益，额外收益随着下跌幅度的扩大而增加。1987 年 10 月崩盘之后，这两种情况都明显存在。

从买卖价差中获利的做市交易也是波动率溢价策略。当流动性变得一边倒，价格剧烈波动时，做市商的收益会出现回撤。尽管可能发生在不同的时间跨度上，但其实这与其他波动率卖家遭遇回撤是一回事。我们认为买卖价差累积的收益应该相当于卖出期权并进行 Delta 对冲。由于需要非常频繁地支付价差，直觉上持续进行 Delta 对冲几乎是无利可图的，而且在 Delta 对冲频率足够高的情况下，所有利润都会转移到做市商手中。从经验上看，在不足 3 分钟的时间跨度上，标普 500 电子迷你期货的实际波动率会略高于隐含波动率。

最后，以上都是针对单一资产而言。资产组合的波动率既取决于资产的波动率，也取决于资产之间的相关性。投资组合相关性高则波动率高，相关性低则波动率低，相关性变化影响组合波动率。这些相关性可以将风险溢价考虑在内，在某些情况下，风险溢价比标的资产的波动率溢价更高。与波动率类似，如果远期隐含相关性超过近期，或短期实际相关性超过较长期实际相关性，以及隐含相关性超过实际相关性，则存在一整套的相关性溢价。然而，要想获取丰厚的相关性溢价，投资组合的波动率必须比标的资产的波动率更“重要”，即更为市场所需要。几乎在所有这些情况下（股票指数就是一个明显的例子），投资组合本身已经被认为是一种资产。的确，标普 500 指数的波动率溢价比美国个别大盘股的波动率溢价更高，实际上标普 500 指数波动率溢价中大部分是相关性溢价。

并非所有资产在所有历史阶段都会表现出上述所有功能。相反，1987 年之前唯一存在的短期波动率溢价似乎是做市商溢价（相当于隐含的实际差异）。其他形式的波动率溢价可能为负，也就是说，波动率买家获得了报酬，从许多资产大类动量策略的历史表现中可以看出这一点。

波动率并不是在所有时间和所有市场上都有相等的费率。股票指数的波动率溢价比单只股票或大多数非股票资产更高。自 1987 年以来，波动率溢价最突出和最丰厚的单个资产是标普 500 指数本身，其他股票指数紧随其后，并在整个 20 世纪 90 年代逐渐开始显现出这些特征。

标普 500 指数本身就是利差交易

标普 500 指数波动率过高是第 6 章中所提观点的最好经验证据（尽管仍是间接的），即标普 500 指数一定是世界波动率交易的焦点，因此 VIX 必然是“全球波动率”。这种想法将标普 500 指数置于全球利差交易体系的中心。它解释了为什么即使其他利差交易在 2014 ~ 2017 年间有些举步维艰，标普 500 指数的利差交易规模却仍进一步膨胀，这一时期做空 VIX 工具，如反向追踪 VIX 交易所交易票据（XIV ETN），其回报大幅提升就是例证（见图 9-5）。

然而，如图 9-5 所示，在 2018 年 2 月这类工具的价格完全崩溃并被清盘。“波动率休克”的结果就是利差交易崩盘，现在被称为“波动率末日”（Volmageddon），这与标普 500 指数最终快速而短暂的下跌有关。在接下来的几个月里，尽管土耳其里拉也经历了利差交易的剧烈收缩，但是卖出标普 500 指数波动率交易逐步恢复，标普 500 指数的利差交易也有所回升。这似乎进一步证明了不同类型利差交易之间动态过程的复杂性，在利差交易泡沫后期尤为如此。第 8 章的内容也解释了这种现象与全球金融危机和后来的原油利差交易泡沫有关。

我们可以得出如下结论：在一个高杠杆的世界里，提供流动性肯定会有回报。标普 500 指数是全球首屈一指的对冲工具，因此向标普 500 指数提供流动性必然能获得特别丰厚的溢价。标普 500 指数的波动率结构是这样的，波动率卖家（流动性提供者）将使用所有能用的各种卖出波动率策略来赚取丰厚的风险溢价。

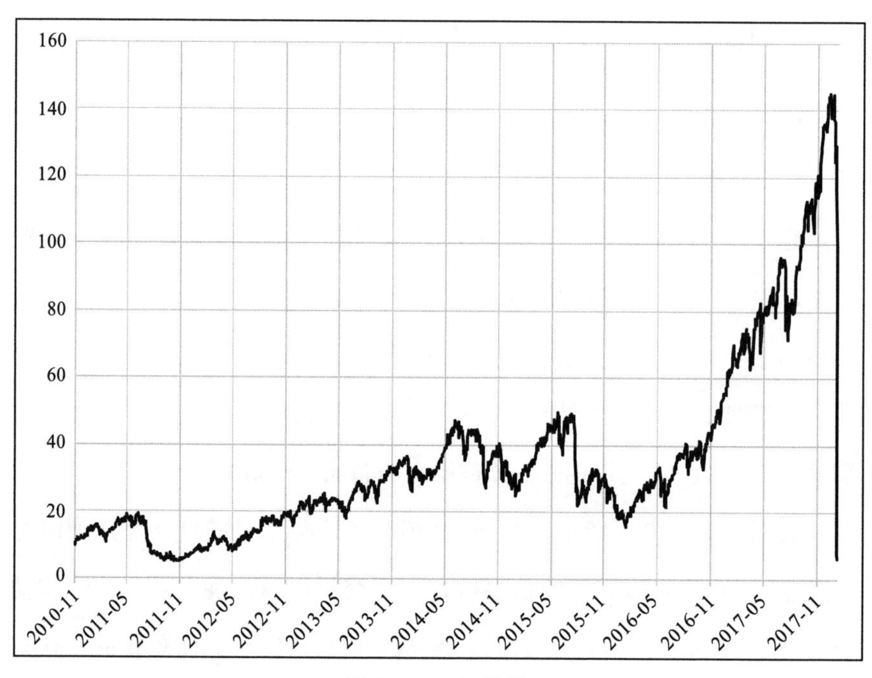

图 9-5 XIV 价格

注：图表显示了 XIV 波动率期货空头 ETN 从 2010 年 11 月成立到 2018 年 2 月清盘的价格（拆分调整后）。

资料来源：雅虎金融，作者的计算。

这意味着随着我们接近现代利差交易体系的最高点，世界越来越表现得好像整个全球经济的融资最终都来源于美国股指市场。由于金融市场的功能是转移风险，而流动性最强的市场肯定是风险一次又一次转移并最终平息的地方，甚至在某种意义上情况真就如此。

顺便说一句，确定全球流动性风险溢价与股票指数市场，特别是标普 500 指数似乎有合理的联系，因为股票指数和主权债券之间存在众所周知的负相关[一]。事实上，除标普 500 指数外，世界上比标普 500 指数市场更具流动性的其他流动性最强的市场是美元利率市场，包括国债和利率期货。但利率市场的波动率溢价似乎没那么高。考虑到国债和股票之间的根本区别，这不是无缘无故的：国债被认为是“安全资产”，而股票被理解为内含破产风险，这是波动率溢价的根源。

总而言之，在一个杠杆化的世界里，随着时间的推移，利差交易必须是有利可图的。当各国央行本身就是大规模的波动率卖家时，就会出现问题。央行扩大利差交易一度获利甚丰，更多的资本被吸引到其中。在某种程度上，这压低了预期的回报，使其足以带来严重的利差交易崩盘。但利差交易泡沫和崩盘的循环与金融市场和经济中越来越高的杠杆有关。更高的杠杆率意味着进一步激励利差交易的波动率结构，即利差交易体系将继续下去。

然而这种利差交易体系决定了经济的走向：创造一种由消费驱动的经济增长模式和由投机驱动的资本配置模式，而不是通过将经济体的储蓄投资于未来的增长潜力，来推动经济更健康地增长。考虑到随之而来的过度的杠杆和债务，这将会让世界经济在很长一段时间内付出代价。

还有别的办法吗？我们能想象一个不鼓励利差交易的世界吗？如果不能，原因何在？如果不能，这就意味着在根本上，利差交易背后存在着某些更根本的力量。我们将在本书余下部分谈到这些问题。

[一] 这种负相关是在 1997 年 10 月开始出现的，在此之前，股票和债券是正相关的。根据观点，从正相关性转变为负相关性可能是因为市场认识到通缩威胁现在超过了通胀威胁，或者，也可能是因为市场认识到，货币政策现在将直接对股价的变化做出反应。下一章将进一步探讨通胀 / 通缩和利差交易之间的联系；无论哪种方式，这种相关性转变都是现代利差交易体系兴起的开创性因素。

The Rise
of Carry

| 第 10 章 |

利差交易体系必然存在吗

利差交易体系不可避免吗

全球金融市场已经开始由利差交易主导而且存在于利差交易体系中。但正如前面已经说明的那样，在杠杆化的世界里，利差交易的长期正回报似乎无法避免。因此，在实践中谈及存在于利差交易体系的世界，是否真的有意义？有没有其他可能性呢？

一个显而易见的研究起点，也是我们相信可以帮助自己洞察利差交易性质的一个出发点，就是考虑与利差交易体系完全相反的可能性，即一种假设的“反利差交易”制度。这样的制度会有什么特点和作用呢？

简单地说，利差交易体系的典型特征是流动性定价为正。也就是说，在资产价格上涨时买入，在价格下跌时卖出的“顺市交易”或接受流动性策略往往在系统性意义上是昂贵的。投机者无论如何尝试对标的资产使用各种时间跨度的交易策略，还是何种形式的期权策略，通常都要支付风险溢价。相反，“逆市交易”，即提供流动性，往往能系统性盈利或获得风险溢价。

资产的流动性价格可以通过波动率曲线来表示。对于实际波动率，曲线在不同的时间跨度上测度实际波动率，为了使流动性价格为正，较短期的实际波动率就要高于较长期的。由于隐含波动率曲线上不同远期点所代表的隐含波动率也不同，为了使流动性的价格为正，远期的隐含波动率需要高过近期的，所有隐含波动率必须超过所有实际波动率。

实际波动率的斜率意味着资产价格表现出均值回归的形态。考虑到这种均值回归意味着价格预测有意义，这种可预测性并不意味着市场无效。这是流动性价格为正的直接结果，它无法“套利”。因为对于交易者来说，要进行利差交易就必须拥有流动性，也必须向市场提供这种流动性。其他许多明显的市场失灵现象可以近似来这样理解。

隐含波动率曲线的斜率表面上似乎意味着市场预期价格波动率将上升。由于波动率通常不会上升（实证上就是均值回归到波动率的长期稳定水平），这不是真正的预期。相反，这个曲线是支付给远期隐含波动率卖方（远期流动性提供者）的风险溢价。同样，隐含波动率和实际波动率之间的差距使得卖出即期隐含波动率（即卖出支付款与标的资产实际波动率挂钩的合约)，随着时间的推移而变得有利可图，可以作为支付瞬时流动性提供者的风险溢价（根据第 9 章概述的启发式讨论，这与买卖价差一致)。

这种利差交易范式准确地描述了过去 30 年左右的时间里标普 500 指数及其期权市场的表现。这也越来越准确地描述了其他股指的情况，它们紧随标普 500 指数之后，已经开始显示出这些特征。可以想象，最终这种范式应该适用于所有的金融资产。

由于流动性消失和流动性提供者大幅减少等逼空流动性的情况相对较少，提供流动性的策略每单位名义风险回报会更高。考虑到溢价的本质，逼空流动性的情况似乎不可避免，因为做空天然有利可图，而做多则并非如此。它们是自我强化的连续去杠杆操作；其中蕴含的正反馈性质使整个过程显得突如其来且灾难重重。只要标的资产为多空双方提供风险溢价，它们就一定会针对标的溢价出现，并给标的资产溢价的接受者造成损失，因为利差交易体系导致标的风险溢价与提供流动性溢价一致。因此，流动性短缺在股市上是不利于投资者的。它们形成并导致隐含波动率和实际收益出现偏度，这种偏度则是流动性定价的另一种表现方式。

流动性供给策略较高的风险回报率是对相关策略受到利差交易崩盘这种暴力惩罚的天然补充和赔偿。我们假设提供流动性的长期均衡期望回报可能在任何水平上，预期回报越高，这些交易崩盘所带来的破产风险相应就越大。因此，在任何名义价格下流动性都可以获得公允价值，其价格要么具有“多重均衡”，要么没有均衡。

本章的核心从波动率和货币两个角度展开了一系列思维实验，这些实验表明，利差交易体系与通缩压力密切相关，而在通胀世界里许多关键特征必然会逆转。这些思维实验相当抽象，一开始可能有些难以理解。不过它们并不打算预测全球未来的可能，尤其是不打算用标普 500 指数的波动率结构描绘未来的可能。事实上，更有可能的是，无论是利差交易体系的终结，还是反利差体制的出现，都将与金融市场重要性的消退联系在一起。与此相关的是，在其结束之前，利差交易体系将更有可能转变成某种不以标普 500 指数为中心的新形式。利差交易体系未来关注的重点可能包括中国股市、全球房地产市场，或者横跨股票和债券市场。进行思维实验的意义在于，它们可以提供对当前利差交易体系本质的洞见。

利差交易体系的理论替代方案

如果流动性在任何价格下都能以公允价值计算，那么至少在理论上，极高的正流动性价格绝不会是唯一可能的状态。例如，如果流动性价格为负，世界会是什么样子？如果顺市交易一直有利可图，而逆市交易则无利可图，这将意味着什么？首先，描述这个假设世界特征的企图，必然只会投机性地颠倒我们已知的世界的特征。

在这个假设世界里，远期隐含波动率会供过于求。人们会“想要”卖出它，也就是说，人们往往愿意为卖出波动率特权付费。因此，期权市场可能会“预期”未来波动率下跌，长期隐含波动率将低于短期隐含波动率。

此外，在市场上进行长期交易比短期交易的成本更高。长期波动率将比短期的更大。无论时间跨度是长是短，无论是按天、月还是年计算，市场将在长期而不是短期内波动更多。这其实就代表着趋势交易，两个方向的价格走势都会自我强化。

从中短期来看，价格变动存在上涨趋势似乎是合理的。事实上，从实证研究上看，存在长达一年的上涨趋势一直是许多市场回报的一个特征。然而长期来看，鉴于均值回归与估值有效性在理念上相一致，价格应会呈现均值回归的特点。由于基本面长期稳定，而且价格相对于基本面必然是有限的，因此上涨趋势能在很长期内存在似乎难以理解。如果我们相信基本面存在，那么在最长时期内出现最大价格波动的唯一可能的方式是，由于通胀率高且波动大，价格的分母，即衡量价格的货币价值会不稳定。

在这个世界上，长期平均实际波动率可能会超过长期平均隐含波动率，因此现货期权买家通常可以盈利。乍一看，负的隐含波动率与实际波动率差似乎意味着负的买卖价差，这令人难以置信。但考虑到交易量有限，它只要求价格在极短期内以如此强劲的势头波动，以至于在几分钟或更长时间间隔内测量的波动率会超过瞬时波动率，甚至最有效的做市策略都可以捕捉到买卖价差反弹。在这种情况下，专业做市商一般是无利可图的。主要原因是自发的流动性供给如此之多，已经不需要专业做市商存在。图 10-1 是总结这个假想的倒置或“镜像”体系的图。

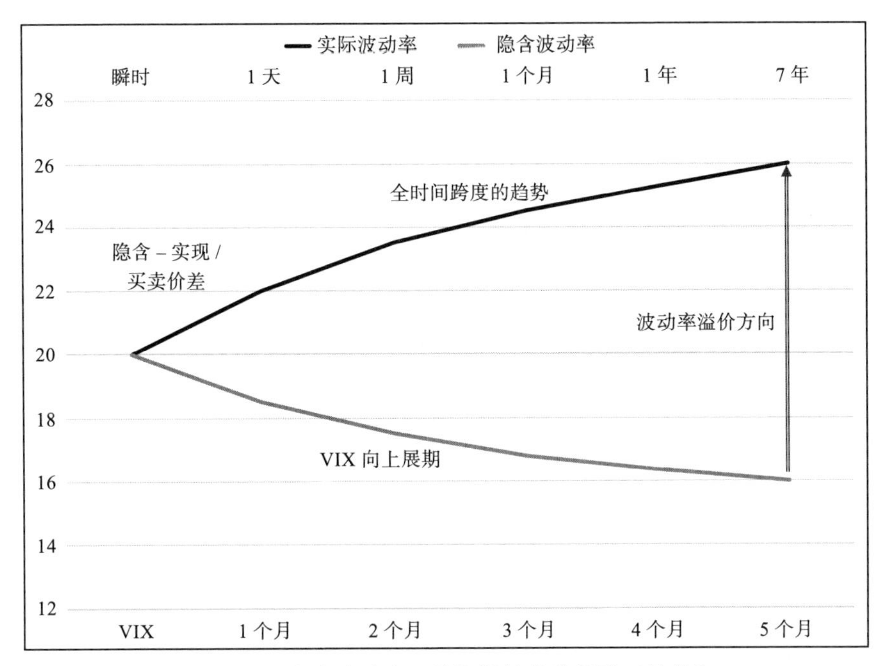

图10-1 均衡波动率溢价期限结构的假设“镜像”

注：即期和远期隐含波动率显示在图中下方的灰线上，对应底部的水平轴。不同时间段的实际波动率显示在上方黑线上，对应顶部的水平轴。数据采用图9-4所示利差交易体系的均衡波动率溢价图的镜像版本。

很有可能，隐含波动率和实际波动率的偏度都会出现方向反转。看涨期权将变得比看跌期权更昂贵，标的最大上涨周数或月数将大于最大下跌的周数或月数。这种特征，就像长期的价格趋势一样，似乎与世界处于极端通胀状态的假设一致。

直觉上利差交易体系是被存在的巨大杠杆所推动的，平均而言，通常这些杠杆必须通过购买期权特性来进行再调整。如果投机者在遭受重大亏损后被强行平仓止损，他们要么定期再平衡自己的杠杆，要么冒着立即买回所有期权特性的风险，他们真的别无选择，只能购买这种期权特性。因为投资者别无选择，只能以这种方式交易，所以他们不得不为期权特性支付溢价。

这种动态过程的反面是什么？一个由低杠杆和高超额现金储备驱动的制度，通常必须通过卖出期权特性来实现再平衡。流动性价格为正的世界过度使用杠杆，导致对流动性的巨大需求，因此流动性价格为负的世界必须去杠杆，从而导致流动性供给充沛。因此，我们自始至终使用的“流动性”一词的含义是交易和持有头寸的能力，这与传统经济学用货币总量表示“流动性”的含义是一致的。毕竟，它们本质上是一回事。杠杆率过高的世界必然是通货紧缩的，杠杆率较低的世界必然是通胀的。

正反利差交易的货币观

可能正如预期的那样，认为全球金融市场的利差交易体系与通胀放缓或通缩压力相关的观点，也可以从纯粹的货币角度来看，即利差交易体系的简单对立面——投机者将因做多波动而获得回报，与通胀或可能加速的通胀相关。

利差交易体系通常以高水平的债务为特征，正如我们近年来看到的那样，这将拖累银行新的信贷增长。因此，在央行没有采取冲销措施的情况下，长期货币增长往往会相当低。

这种组合还将意味着相对收入来说，持有货币（包括所有可能的形式）的需求会相当高。就其本身而言，在其他条件不变的情况下，这将对通缩不利。如果不想发生通缩，货币增长需要达到合理的高水平，至少高于平均水平。鉴于银行信贷需求可能相当疲软，有两种方式可以帮助实现货币增长高于平均水平。一种方式是通过央行的直接行动，第二种方式则是非货币金融资产是否被认为是良好甚至完美的货币替代品。在实践中，第二种方式可能需要央行对这些非货币资产承担责任（至少在一定程度上），即实际上要将它们视为央行的或有负债。

第二种方式就是我们前面所说的增加资产的“货币性”，正如在第7章解释的那样，这是利差交易体系产生的直接结果。随着时间的推移，金融资产价格的低波动率会带来泡沫，这会鼓励风险资产，或者至少使某些风险资产变得像货币一样。因此，利差交易体系本身就能满足更高的货币需求，从而防止出现通缩崩溃。这就以循环的方式使利差交易体系得以继续。

从这个角度来看，利差交易体系或许可以被看成一种市场机制，使不稳定的货币均衡得以维持。如果没有利差交易体系存在，整个系统会陷入螺旋式的通货紧缩和债务毁灭。

因此，对于利差交易体系的镜像体系来说，债务往往不再是一种负担。这会鼓励更为强劲的新信贷创造，这意味着，在其他条件相同的情况下，对银行信贷的需求更大。如果没有央行的冲销行动，货币供给增长往往会更多。任何随之而来的通胀都将进一步侵蚀债务负担。随着时间的推移，持有货币的需求将会疲软，因为通胀会降低货币的实际价值，货币将失去吸引力。在某种程度上，降低持有货币作为资产的需求可以通过减少货币价值来实现。因此以前被认为是货币的良好替代品的金融资产，将或多或少成为货币持有量的一部分，人们也会逐渐意识到这比持有传统货币更糟糕。如果这些金融资产价格的波动率上升，自然而然就会发生以上情况。因此，这就是简单的反利差交易体系，在这种体系下，押注看多波动率会随着时间的推移而获得回报。尽管通胀不会完全失控，但这一体系将保持高通胀。

利差交易崩盘会打破利差交易体系的脆弱均衡，并使经济突然陷入螺旋通缩状态。随着金融资产的波动率飙升，货币流动性也随之蒸发。然后，货币真实需求急剧上升，迫使经济迅速陷入通缩。真实债务负担急剧上升，信贷需求进一步崩溃，并形成恶性循环。

因此，完全相反的假设情况将是反利差交易体系中的反利差交易崩盘。通胀会失控。持有货币的真实需求将锐减，而对（至少部分）风险资产的需求相对上升。在失衡期间，想必是因为这些风险资产具有一定的对冲通胀特点，它们看起来会比货币表现更好。对货币真实需求的崩溃将会进一步加速通胀。

这里强调的重点是，在某种意义上两种制度都在刀刃上运作，从这个角度来看，它们可能都会陷入混乱。利差交易（或者反利差交易）制度可以被视为，市场从这种根本不稳定的局面中创造出一种不稳定的稳定。当这种不稳定的稳定无法再维持下去时，即在某种意义上当纸牌屋倾倒时，就会发生崩盘，同时货币不稳定性大大增加，整个金融市场都会出现巨大的失衡。在利差崩盘中，经济陷入通缩螺旋；在反利差交易崩盘中，理论上会出现通胀的螺旋式失控。结束失衡和恢复秩序是各国央行采取行动的结果。在利差交易崩盘中，随着金融资产价格暴跌和波动率螺旋式上升，央行扩大了货币供给，足以抵消金融资产货币性的下降。

“真正的”反利差交易体系

目前勾勒出的反利差交易体系的草图只是当前制度的简单镜像，还很稚嫩。最值得注意的是，从最广泛意义上看，它仍是某种形式的利差交易体系，主要是因为违背市场“预期”仍然有利可图。这就会造成与“期望”方向正好相反的情况。

当前制度具有一个令人好奇的特征，即最大的风险离当前最近，而思考这类问题就是迈向真正的反利差交易体系模式的一种方式。较近的远期隐含波动率比较远的更高。虽然即期波动率的波动很大，但远期波动率几乎没有变动。遥远的未来被认为相对确定，“波动率会均值回归到长期稳定水平”的观点被市场完全接受。对于标普 500 指数来说，5 个月后的隐含波动率仅为现货波动率指数的四分之一（见图 10-2）。

各种期限实际波动率的表现也是如此。较长期限实际波动率指标比在较短期限的表现更稳定，因为当波动率增加时，均值回归的可能性会增加。这种认为波动率本身就会均值回归的想法，可以再次与估值的长期有效性联系在一起。

然而，如果衡量波动率价格本身极不稳定，在不断加速的螺旋通胀过程中，上述关系可能会被打破。此时，波动率的不确定性将会进一步增加而非减少，并且最不确定的点将在无穷远，而不是当前的瞬间。在这样一个世界里，隐含波动率似乎根本不可能出现现货溢价的情况，也就是说遥远的远期波动率必然更加不稳定，而且必然高于近期的波动率。而隐含波动率曲线将在即期附近最平坦，在遥远的未来最陡峭，以保持交易波动率的事前风险回报比率大致平衡（考虑到远期波动率的波动性要大得多）。可以预计，超长期的波动率将缺少具体定价，而且也无法定价。

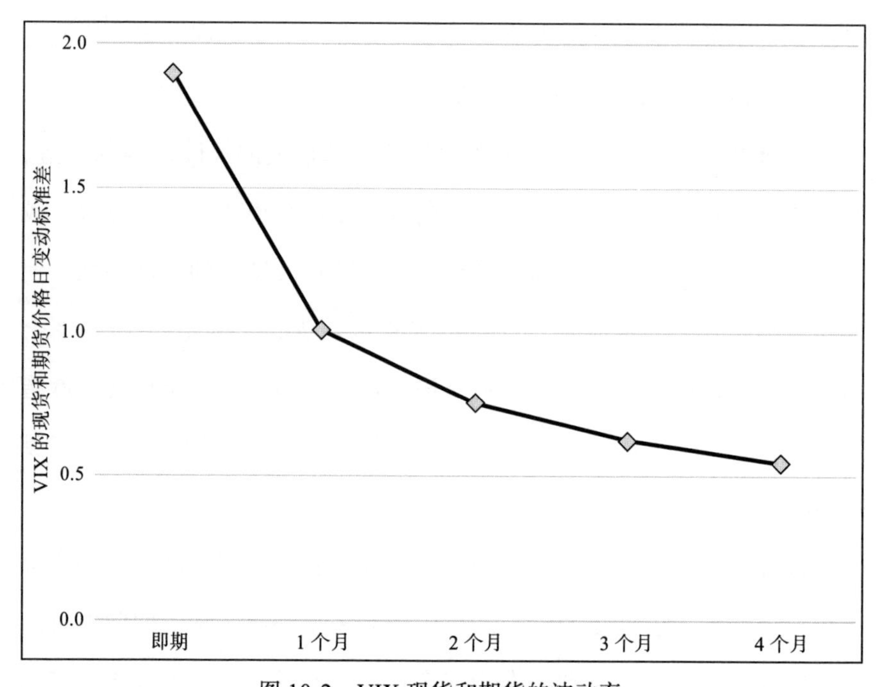

图 10-2　VIX 现货和期货的波动率

注：图中显示了自 2006 年 10 月 23 日至 2019 年 3 月 29 日期间，VIX 现货、VIX 1 个月和 2 个月远期等的每日波动率（以波动点为单位），其中远期点的值是从期货曲线中插值得到的。

资料来源：CFE/ 盈透证券，作者的计算。

如果利差交易失败，波动率买家得到报酬，那么随着时间的推移，波动率上升的速度必须快于隐含波动率曲线上升的斜率。这才是真正的反利差交易体系，市场“预期”系统地低估了未来的变化。所有这些都与完全失控的恶性螺旋通胀一致，这将是一个货币消亡的世界。

图 10-3 描绘了对这种反利差交易体系形态的某种猜测。这个世界的关键特征无法在图上均衡显示，因为它描绘了一个通常意义上的非均衡系统，其关键特征是波动率以及通胀总是在加速走高。

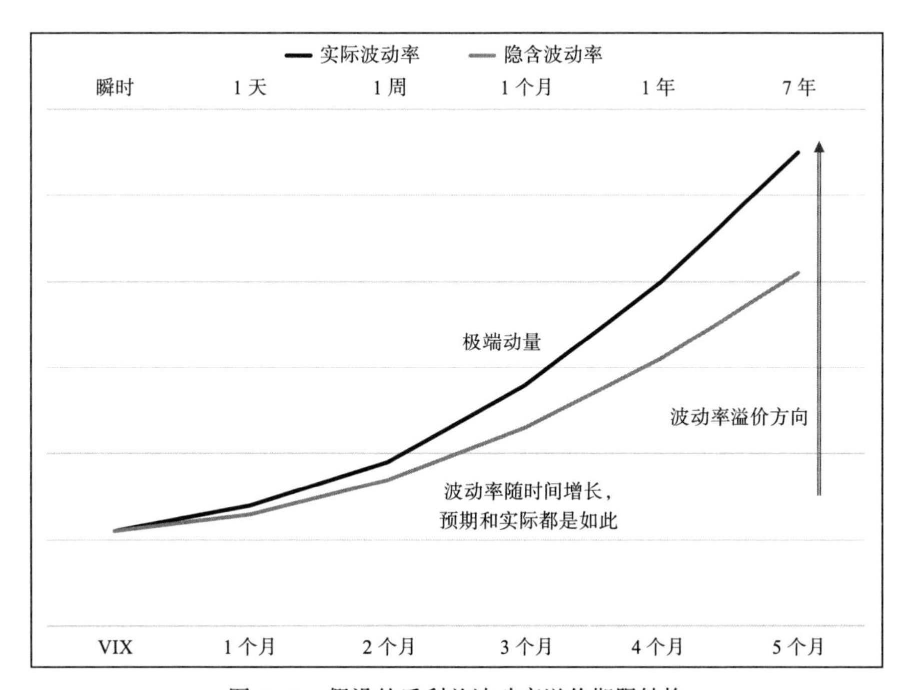

图 10-3 假设的反利差波动率溢价期限结构

注：即期和远期的隐含波动率显示在图中较低的灰色线上，对应底部横轴。各类期限的实际波动率绘制在上方的黑线上，对应顶部横轴。因为没有长期波动率平均水平，所以没有纵轴。

无论是镜像世界还是反利差交易世界，这里所假设的世界都是虚构的，我们不太可能穷尽负流动性价格可能出现的所有方式。但任何流动性价格为负的世界都可能具有这里描述的一些或许多基本特征。最重要的是，流动性价格为负的世界很可能出现通胀，或者高通胀。

正反利差交易是一把双刃剑

从以上颇具推测性的讨论中，可以得出一个重要事实：我们假设的反利差交易体系与利差交易体系在本质上没有太大不同。不仅是从金融投机者的角度，而且是从整个社会的角度来看，利差交易体系和假想的反利差交易体系都具有以下特征：资源最多的人将成为赢家。

任何人都可以成为利差交易者，现实中许多人都是利差交易者，尽管大多数人都不知道或不理解这一点。因为在利差交易体系下，利差交易具有强劲的正长期回报，所以它必然会（至少是间接地）吸引许多“普通人”参与其中。这些投资者可能就是那种在不了解风险的情况下，将自己的救命稻草投入到更高收益的投资产品中的人。而根据我们的定义，这并不是严格意义上的利差交易，但作为利差交易崩盘的副作用，他们仍然会受到伤害。例如，申请低利率外币抵押贷款为购房融资，或者过度投资于购房出租（buy-to-rent）房产，这两种都是直接的利差交易。然后利差交易崩盘会带来所有广泛的间接负面影响：杠杆率过高的企业破产，失业，金融机构破产。一位朋友在与作者讨论利差交易崩盘时说：“只有金融业者会在利差交易崩溃中被消灭，普通人不会。”可悲的是，事实并非如此。

社会必须存在一定的利差交易。经济需要流动性服务，只有那些拥有强大资产负债表的人，即富人，才有能力提供这些服务。虽然利差交易的利润确实增加了他们的财富，但其提供的流动性也增加了社会整体福利。然而，在利差交易体系下，经济既充斥着流动性需求，也充斥着利差交易者提供的流动性，如果没有央行的干预，他们中的许多人将无法在利差交易崩盘中幸存下来。不过，在一定程度上各国央行通过缓解利差崩盘，进一步增加了流动性的天然提供者——富人的利润。然后那些在利差崩盘中幸存下来的人，就可以在随后的利差泡沫中重新繁荣起来，进一步增加他们的财富，加剧整个经济体系的财富不平等。

与利差交易体系相反的镜像系统也是一样的。在一个简单的反利差交易体系镜像中，利差交易崩盘相当于货币价值的崩溃和通胀失控。穷人有可能从这种情况中受益吗？显然不会。总体而言，无论是在利差交易体系还是简单的反利差交易体系中，拥有最多资源的人最终都会更好地走出混乱。

这就向我们展示了一个简单的事实，利差交易体系或假想的反利差交易体系的核心是货币不稳定。由于货币问题尚未解决，正是法定货币的根本不稳定性导致了金融市场上利差交易体系的出现。在一个社会中，某些人会对资源拥有较多的权力和指挥权，而另一些人的权力和指挥权则较少。法定货币的作用是让这种权力失衡直接体现在金融和经济世界中。而做到这一点的方式就是发展利差交易体系。

一个流动性价格为正的世界存在利差交易体系，那么在任何情况下提供流动性都会有积极的回报，而这就需要资源。没有央行的干预，那些只有在景气时期才有足够资源提供流动性的人会在利差崩盘中被扫地出门。但即便在简单的反利差交易体系即流动性价格为负的通胀世界里，由于要能够在任何情况下随时满足流动性需求，吸纳潜在的流动性也必须要有正回报。例如，这意味着极端螺旋式通胀的后果能够为人利用，而这个后果则是简单的反利差交易体系镜像失衡的表现。这也需要资源来纠正。

因此，在某种意义上利差交易的对立面就是它本身。

利差交易用于寻租

从根本上讲，利差交易的概念是关于权力和资源控制的，这让人想起寻租（rent-seeking）的经济学概念。维基百科将寻租定义为“通过操纵经济活动发生的社会或政治环境来获取收入，而不是通过创造新的财富。寻租意味着从别人那里榨取无偿的价值，而不对生产力做任何贡献。”

寻租通常被认为是一个行业团体或利益团体为了确保垄断权力而游说政客的行为。典型的例子是出租车司机维护的发牌制度。这是个很好的例子，在当今“共享经济”时代非常具有代表性。出租车牌照是利差交易体系的一个很好的类比，因为在一个发展中的城市，出租车车主受益于牌照赋予的垄断权力，不仅将得益于更高的收入，还将得益于牌照不断增加的市场价值，牌照的基本价值取决于未来从出租车车费中获得的现金流折现。这类似于利差交易者从利差交易收入中获益的方式，这是利差交易的主要动机，但也受益于随着利差交易泡沫的增长而导致的资产价格升值。

不过，这个类比并不完美。传统上寻租是通过游说政府来获得垄断权。从财政和极端意义上讲，它是指当局从自己的垄断权力中攫取收入，特别是央行对货币供应的垄断权力和政府的税收权力。这往往以一种微妙的方式涉及通常所说的“监管俘获”。在这种情况下，监管机构（此时就是政府或央行）本应按照公共利益行事，最终却主要服务于金融业，特别是投机性金融行业中受监管者的利益。

此外，利差交易体系是一个演变过程，在这个过程中，金融体系和整个投资行业通过连续的利差泡沫和崩溃，逐渐演变为一个几乎完全为了利差而存在的制度。在极端情况下，利差交易与寻租是相同的，因为它们不会创造新的财富。事实上，随着情况变得更加极端，相对于不包含利差交易的其他方式，它们反而会破坏财富。如果金融体系变得完全由利差交易所主导，那么它将不再对生产率增长做出贡献。随着经济中的资源越来越多地用于套利，那么对经济的真正投资（除了提供流动性的服务之外的生产性资产）会最终衰退为零，真正的经济增长也会如此。

利差交易体系就是利差交易产生泡沫然后崩盘，并最终消灭资源较少的利差交易者的过程，它与收入和财富不平等持续加剧有关。这一切该归咎于近年来主要央行的行长，还是归咎于利差交易的本质（无论谁领导央行，法定货币体系都将不可避免地演变为利差交易体系），这仍是一个有争议的话题。但很明显，央行一直是将利差交易传导到我们所经历的不平等情况爆炸性增长中的行为主体。如果我们渴望创造出所有人都能参与的、繁荣的经济体，那么央行的运作框架，无论是法律上的还是知识上的，都必须大幅改变。这可能也适用于参与纾困行动并以其他方式参与金融市场的其他政府机构和多边机构（如 IMF）。

归根结底，这意味着我们需要为货币体系可能发生的戏剧性变化做好准备，因为社会已经开始理解利差交易的含义，并寻找方法使该体系更加稳定和公平。特别是，如果央行开始被视为利差交易的行为主体，且利差交易也被恰当地理解为加剧不平等的原因，那么我们可以预期，央行的独立性及其政策目标会持续面临挑战。

The Rise
of Carry

| 第 11 章 |

利差交易就是权力

劫富济贫的利差交易资金流动

> 吉尔伯特爵士的坟墓上刻着这么一条法则：
> 穷困潦倒的人不是无赖就是傻瓜。
>
> ——亚历山大·波普[㊀]

利差交易的总根源是什么？也就是说利差交易为什么存在呢？我们已经在第 6 章中解释过，在一个高度杠杆化的世界里，货币的价值

㊀ 指的是吉尔伯特·希思科特爵士（Sir Gilbert Heathcote），18 世纪英国讽刺诗人，他是唯一一位在 1709 ~ 1711 年和 1723 ~ 1725 年分别两次担任英国央行（Bank of England）行长的人。

就是波动率的价格。那些有能力提供流动性的人比那些需要流动性的人更有优势，这种优势必须加以利用。这就是利差交易的寓意或法则。可以总结为吉尔伯特爵士的法则：“穷困潦倒的人不是无赖就是傻瓜。”

为什么那些需要帮助的人必然是被利用的“无赖或傻瓜”？至少在某种程度上，这是因为他们可以被当作是“无赖或傻瓜”。如果他们有被帮助的需要，而投机者有能力满足他们的需要，那么他们就是弱小的，而投机者则是强大的，根据利差交易法则，投机者必然会剥削他们，因为那些剥削穷人的人会比那些向穷人施舍的人更有竞争力，直到施舍的人被击败以至于也变成了穷人。简而言之，利差交易法则就是残酷无情的丛林法则，而我们则总是处在弱肉强食的丛林中。

利差交易利用杠杆放大资金来源和运用之间的收益率差。那又是什么决定了收益率？需求决定收益率。低信用意味着更贫困。最富有的不动产业主支付的抵押贷款利率最低，最接近破产的公司的债券收益率最高。有两种方式来解释这种关系。第一要考虑到，最有借款需要的人风险最高，违约率也最高。借款人越是需要节衣缩食和储蓄来偿还债务，发生在他们身上的某些打击或意外就越有可能阻止他们还款。第二是要考虑到，最有需要的借款人可能会遭受最严厉的挤兑。

首先，需求来自生存所面临的威胁，而生存是所有幸存下来的实体——无论是生物实体还是公司实体所能深切感受到的一种冲动。对杠杆经营实体来说，再平衡成本与预期破产风险之间的等价性体现了利差交易和破产之间的联系。更普遍地讲，无论机构在哪都可能会承受一些无法逆转的负面后果，根据随机游走理论[⊖]，只要他们遇上特定状况，就会出现需求。例如一个人失去肢体，或者收到犯罪记录，他就有理由害怕。虽然与失去人类肢体不同的是，失去资产的公司或投资者最终可能又会重新获得资产，但众所周知的事实是，如果你损失了 50%，就需要上涨 100% 才能回到开始的地方，这意味着所有的损失背后都包含着一些不可逆性。

这就是利差交易策略需要超额回报的根源。从需求的角度看，无抛补利率平价之所以失灵，是因为高利率的发展中国家需要资金，因此资金就会被充分利用。大宗商品历史上正常的现货溢价并不能反映市场对大宗商品价格将会下跌的预期，而是市场意识到生产者需要对冲，并加以利用的结果。波动率利差之所以有效，是因为那些使用杠杆的交易者需要流动性来再平衡杠杆，因此可以被利用。

简而言之，利差交易是资源从弱到强的流动，是从穷困者到富裕者的流动，是从那些别无选择的人到有选择的人的流动。拥有可以承担风险的过剩流动性的实体将提供流动性、接受利差交易，从而获得更多的过剩流动性。缺乏流动性，就需要流动性，也就必须进行借款并支付利息，因此变得更加匮乏和贫困。正如《圣经 · 马太福音》中所说："凡有的，还要加给他，叫他有余。没有的，连他所有的，也要夺过来。"

尽管看起来很残酷，但这就是资本主义发展的原因。这正是在市场中存在达尔文主义的原因，也是经济进化的驱动力。进化上的不适

⊖ 指基于过去的表现，无法预测将来的发展步骤和方向。——译者注

者会受到收益率上升的惩罚，从而被灭绝；而进化上的适应者则拥有过剩的流动性，可以用来成长和繁荣。（这只在平均水平上是正确的。总是存在特例，一些原本应该健康的人会面临一系列的厄运并走向灭绝，而一些原本应该不健康的人可能会有一系列的好运并繁殖。）

利差交易具有累积优势

我们需要第二种想法来解释为什么这一点如此重要，这种想法叫作“累积优势”（cumulative advantage）。哥伦比亚音乐实验室（Columbia MusicLab，以下简称“MusicLab”）进行过一组著名的实验，用来演示其机制和效果，它模拟了一个虚拟流行音乐排行榜（基本上是为了回答一个永恒的问题，即为什么这么多流行音乐巨作的音乐表现如此糟糕）。

这些实验于2005年进行，音乐实验室为此建立并宣传了一个网站，提供可免费下载的未知乐队的歌曲。参与者来到该网站，收听、评级和下载该网站提供的48首歌曲。（在Napster[⊖]倒闭之后、现代音乐流媒体服务兴起之前的一段时间里，这样的网站的确有吸引力。）网站的访问者被分成两种：一种是只给出乐队和歌曲的名字，另一种是还可以看到其他歌曲的下载量，即它们受欢迎的程度。效果是可以预见的：如果参与者可以看到流行信息，他们更有可能听已经更受欢迎

⊖ Napster是1998年一位18岁的程序员为了解决如何在网上找到音乐而编写的一个简单的程序，使用者能够方便地在互联网上找到自己需要的MP3文件，在最高峰时Napster网站有8000万的注册用户。Napster后因版权问题被唱片公司告上法庭，2002年6月被迫申请破产并被收购。2003年10月，Napster卷土重来，开始推出其传统的音乐在线服务。——译者注

的歌曲，从而使最热门的歌曲变得更热门。因此，当参与者可以看到受欢迎程度时，最终歌曲的下载数量比他们看不到的时候要更多。

此外，可以看到下载数量的参与者被随机分配到八个独立的平行小组。参与者只能看到自己所在小组的流行情况，而在这些小组中最热门歌曲是不同的。其中一组的第一名的歌曲在另一组 48 首歌曲中排名第 40。在每一组中，无论出于什么原因，在实验一开始就取得领先的歌曲，其领先程度在之后会被放大，并最终被锁定在可见的表示流行影响度的数字上。这就是所谓的累积优势效应。

随着实验的继续，实验者将随机放置在网格中的 48 首歌曲的菜单切换到了按流行度排序的列表中。当然，这进一步扩大了累积优势效应。用实验者的话说："增加社会影响力的力量增加了成功的不平等性及不可预测性。成功也只是部分取决于质量，好的歌曲很少表现不佳，最糟糕的歌曲很少表现良好，但任何其他的结果都是可能的。"[一]

许多以机会或不完全信息为特色的战略游戏的特征可以用来最清楚地解释累积优势，就像扑克的大多数变体之类的纸牌游戏。这些游戏的核心动态是，一旦一个玩家获得了优势，例如在扑克游戏中获得了更多的筹码，该玩家可以利用他的优势将对手扼杀出局。他的对手也许可以通过战胜或"击败"他而卷土重来，但在同等的运气和同等的技巧下，偶然获得的小小优势往往会变成压倒性的领先和胜利。就像 MusicLab 的实验一样，在前几次下载和收视率上的微小优势，通

[一] 参见 M. J. Salganik, P. S. Dodds, and D. J. Watts, "Experimental Study of Inequality and Unpredictability in an Artificial Cultural Market." Science, vol. 311, no. 5762, 854–856(2006)。

常会通过混乱的随机过程演化为最终的市场份额优势，优势越大，战胜它所需的优势或运气就要越大。

累积优势只是影响游戏输赢的因素，而不会永远持续下去。（尽管人类参与的所有比赛都可以通过自信和团队信任机制表现出某种形式的累积优势机制，但是大多数体育比赛像在固定赛道上的比赛，诸如足球和篮球等，不需要累积优势机制。）

金融市场当然是一个以机会和信息不完备为特征的策略游戏。利差交易同样有金融市场累积优势的机制。对于一家陷入财务困境的公司（或一个背负外币债务的国家）来说，市场要求它支付的回报率增加，会降低它的生存机会，反之亦然。对于使用杠杆的企业来说，亏损会导致杠杆率上升，从而增加波动率对冲的成本。

大多数游戏的结构都会影响累积优势发挥作用的程度。例如，在玩带有盲注或底注的扑克时，相对于桌上筹码总数的盲注或底注越大，游戏结束的速度就越快，也就是说，筹码通常会被更快地吸引到最大的一叠筹码那边。在其他游戏中，可能很难看出哪些杠杆可以被撬动，哪些规则可以改变，以增加或减少累积优势的影响。幸运的是，在金融市场中我们很容易将这种效应分离出来：在每一笔金融交易中，利差都会将资金从流动性较差的一方转移到流动性较好的一方。由于不同资产的利差存在相关性，系统性增加的利差就是累积优势效应的增加。正是在经济衰退或危机中，当利差交易扩大时，实力较弱或运气不佳的公司和股东才会被淘汰，其资产会流入强者手中。在现代经济中，利差交易崩盘就起到这种作用。

通过这种方式，利差交易推动金融市场出现“多重均衡”现象。无论是一个长期存在经常账户赤字的经济体，还是一个长期存在预算赤字的主权国家，或者一个支出超过竞争对手以获得垄断的科技“独角兽”，一个依赖资本输入的实体企业应该会发现，在足够低的利率下，其债务可持续性相当好。所以，只要利率够低，经济实体就是有信誉的，因此持续的低利率就有保证。但是，如果一些冲击导致利率上升，以至于它不得不借更多的钱来支付欠款，从而发现对资本的需求正在急速增加，那么这个经济实体就会有风险，不再有信用，因此需要用高利率来担保。借款人的回报率越低，借款人就越安全，因此借款人应得的回报率就可以更低。借款人的回报率越高，借款人的风险就越大，因此借款人应得的回报率就需要更高。

累积优势就是运气的复利化

累积优势可以被认为是将随机性明确化的优势。在 MusicLab 的实验中，碰巧有些歌曲被首先点击的随机机会成为了“这些歌曲已经拥有最多的下载量，因此肯定更好”的社会现实，而且这种社会现实还会自我延续。

这样的现象并不是学术实验的孤立现象，而是全世界的普遍现象。最著名和最容易解释的例子，也是每个人都能理解的例子，就是成为电影明星的可能性极小。众所周知，要想成为一个电影明星，一个有抱负的演员需要集美貌、魅力、决心和表演才华于一身，更重要的是需要“重大突破”。这是因为一部由一个明星出演的电影会比它是由一个其他方面完全相同但并不出名的演员出演的票房更高。明星吸引来了他们的粉丝，而且众所周知，明星给更多的观众带来了快乐，观众挤满了剧院。因此，要想成为明星，最重要的条件就是已经有一定的知名度。这种明星模式如此出名，以至于已经成为我们流行文化的一部分。

“重大突破”都是巧合。据传，哈里森·福特作为一名演员，曾为了赚钱而苦苦挣扎，转而兼职做木工。他当时正在一位老客户的办公室里安装一扇门，这位客户碰巧是一名电影制片人，而当天，一位名叫乔治·卢卡斯的刚刚崭露头角的导演，正在大楼里为一部新的科幻电影试镜选演员。约翰尼·德普得到人生的第一个表演角色时，他本不是导演最初的选择，导演在十几岁女儿的建议下才选了他，原因是她迷恋上了德普。查理兹·塞隆正在与一名银行出纳员争吵时，身后的人劝架，劝架者原来是一名星探。这样的故事可能部分或全部都是都市传说，但它们很有启发性。难道没有人认为，未来世上最自然的集美貌、魅力、对名气的渴望和职业道德等于一身的影星，此时此刻正在大洛杉矶的某个地方当服务员吗？这并不是要抹杀人们喜欢的电影明星身上拥有的任何优点，他们（大多）非常优秀。他们必须是优秀的，否则他们永远也不会成功。不过，仅仅只是“优秀”还不足以成就他们。

另外，已经成名的明星不需要像以前那样优秀。他们可能会变得更懒，更难共事，不那么好看，但在一段时间里，他们仍然会有角色可演。当然，这不可能永远持续下去。如果他们容貌老去、丧失技能，粉丝和整个行业最终都会抛弃他们。但在一段时间内，这些老牌明星的客观表现可能不如紧随其后的才华横溢的无名小卒，他们吸引力更低，积极性更低，表现也不那么好，但导演和制片人更愿意相信聘用这些明星仍然是理性决策，这就是名人的意义所在，也是累积优势的含义所在。

另一个例子是网络效应和商业、经济和技术领域的锁定：家用录像系统（Video Home System，VHS）和盒式录像机系统（Betamax）之间的竞争[一]，脸书（Facebook）和社交网络社区（Myspace）和交友网络（Friendster）之间的竞争[二]，或者优步（Uber）和来福车（Lyft）之间的竞争[三]。Betamax 通常被认为是一种更好的技术，但它失败了。今天，Facebook 的直接竞争对手永远不会成功，无论它的技术、设计或商业计划有多好，因为社交网络的吸引力在于 Facebook 上的已有用户。如果 Facebook 有一天被淘汰（迟早会被取代），它将不会被另一个同类的社交网络取代，而是被某种全新的东西取代，使这种社交网络变得无关紧要。也就是说，它将被颠覆。

[一] 20 世纪七八十年代，VHS 和 Betamax 为成为磁带录像格式而争得不可开交。当时，索尼支持 Betamax 标准，而东芝是 VHS 格式的支持者。最终，VHS 赢得了 70% 的市场份额，从而一举打败 Betamax 标准。之所以赢得标准之争，是因为 VHS 设备越来越普及，生产成本日益低廉。而 Betamax 输掉比赛是因为 VHS 的低廉价格导致索尼无法承受。——译者注

[二] Facebook、Myspace 和 Friendster 这三者都是社交软件。2003 ~ 2008 年，Friendster 曾是社交网络的鼻祖，却很快被新的挑战者 MySpace 挑落马下。而在 2008 年 MySpace 流量登顶全美第一时，资本市场却认为 Facebook 才是未来。2012 年 5 月，Facebook 在纳斯达克上市，是当时史上最大的 IPO，市值达到 1152 亿美元。——译者注

[三] Uber 和 Lyft 是海外的两家网约车平台。——译者注

网络效应和累积优势在通信技术和技术标准方面尤为突出。只有在竞争对手也可以操纵主导全球业务的电子表格文件格式（.xls）情况下，微软办公软件套装（Microsoft Office）才有可能（几乎）被赶下台。金融工具也可以被视为具有网络效应的通信标准。正如第 10 章提到的，尽管标普 500 指数对当今全球市场的中心地位相当合理，但这并不是命中注定的，也可能不是永恒的。因此，归根结底，即使是当今金融利差交易汇聚到标普 500 和 VIX 指数上，这也是累积优势发挥作用的例子。

一般来说，商业上传统的老式规模经济也是累积优势效应的一种简化形式。然而，如果一个行业是“自然垄断”的，那么商业成功几乎完全是由累积优势驱动的。累积优势（即社会认同）来自合适的人的积极口碑，能成功地将产品送到有影响力的人和早期使用者手中，这对今天的新公司可能更重要，特别是在软件行业，这可能有助于解释为什么持续回报指标在风投公司中被广泛使用，而在公开市场投资者中却没有。最受尊敬的风投公司的累积优势意味着，它们所投资的公司获得了良好的知名度，并在潜在员工、客户和其他投资者面前变得更具可信度，因此能在争夺市场的竞争中占据重要的领先地位。累积优势就是最好的技能。

累积优势使其自身永久化

累积优势涉及各种形式的潮流、时尚、狂热、趋势，甚至市场泡沫。正如电影明星的例子所表明的那样，累积优势是诸如音乐、书籍和作为“公共知识分子”的成功等所有文化产品“超级明星效应”背后的核心。现代社交媒体的危害（如推特暴徒、虚假信息、两极分化等）背后都可能存在累积优势，在这些媒体上，可见的点赞、分享和转发数量向我们集体展示了什么是正确（或安全）的言论（或想法），从而产生了强大的反馈效果。累积优势很有可能与社会阶层的持续存在、结构性种族主义和财富不平等有关。

在我们的日常生活中，最讳莫如深但可能也最明显的另外一类例子，就是自然形成的动物社会等级：一只大狗会害怕地从一只高高在上的小狗身边溜走，而它甚至没有想到可以在一场战斗中轻易地抓住小狗。就像名人或网络效应一样，动物的社会等级不是想象出来的，而是由真实的社会现实延续下来的。也就是说，等级结构完全稳定的事实意味着这一结构的所有成员都将共同行动起来支持它。大狗偷偷溜走，不是因为它害怕小狗，而是因为它害怕整群狗的愤怒（尽管它肯定没有意识到这一点）。自我中心论者可能会指出，这种累积优势的例子只存在于人们的头脑中。但重要的不是它们存在于我们自己的头脑中，而是根植在每个人的头脑中。

因此，对累积优势的欣赏和盲从似乎是与生俱来的，很可能根植于我们的大脑结构中。（虽然研究其他动物行为的科学家可以不用明确描述这些现象，但人类很少愿意承认我们自己在多大程度上会受到动物等级思维的影响。如果说有什么不同的话，那就是承认这种思维的人通常会被视作在试图操纵这种思维，从而“不公正地”获得优势地位，这也许是可以理解的。）就像一个哲学笑话，讲的是鱼问“水是什么”，累积优势的隐蔽性是其重要性最有力的论据。

技术的发展和当今世界日益紧密的联系可能会使累积优势效应比以往任何时候都更为明显。今天的大公司和市场宠儿如亚马逊、微软以及上述所有社交网络，甚至在较小规模上还有苹果和谷歌，都主要依赖累积优势，而埃克森美孚或丰田等旧世界的公司则不是这样。今天对于许多最有趣的公司来说，累积优势是它们最大的资产，而不是技术或高级产品（更不用说原油储备或汽车工厂）。更能说明问题的是，它们的累积优势经常被明确引用为看涨理由的核心。在商业世界之外，特许经营和影视续集似乎正在不可阻挡地在所有娱乐市场蔓延；近年来出现了“照片墙（Instagram）网红”，在油管（YouTube）、推奇（Twitch）、抖音（TikTok）等媒体上新形式网红也在崛起。如今这位历史上最年轻的白手起家的亿万富翁在一个真人秀节目的支持下建立了她的商业帝国，而这个节目主要是因为一段泄露的性爱视频而流行起来的。本书的中心论点是，今天金融市场的累积优势效应之所以比战后的任何其他时期都更加明显，就是因为存在利差交易体系。金融市场只是反映了世界，而利差交易体系可能超出了这一范畴。

简而言之，在累积优势效应很强的游戏中，就像我们最初的MusicLab实验例子一样，最好的玩家获胜的可能性不是特别大。（相反的情况是，强大的累积优势效应可能至少会让一位更好的玩家获胜，否则玩家之间的匹配太接近，以至于游戏无法准确区分他们。）类似地，我们认为具有强大累积优势效应的金融市场不太可能实现资源的最优配置。在最高层面上，这是我们反对现代金融市场上利差交易体系日益增长的主旨观点。

在整本书中，我们都将经典的经济均衡作为利差交易的对立面，因为利差泡沫、利差交易和利差制度看上去违背了这一经典理论。这并非巧合。正如这些例子已经表明的那样，利差交易（即累积优势）很少处于均衡。利差交易确实不会处于均衡，它都是自己创造均衡。

累积优势是我们存在的原因

到目前为止，我们已经强调了累积优势的中性或负面方面。我们把它看成是我们只能观看最著名的演员而不是最有才华的演员表演的原因；我们为什么使用最先出现的技术，或者是准确地在有影响力的人群中传播的技术，而不是最好的技术；为什么向暴徒屈服来自我们自己的判断。这些例子可能都是真的，但这只代表一类观点。

还有另一类非常著名的累积优势的例子，即随机变化使其自身永久化。这叫作进化。想一想，生命起源于被早期太阳系的动荡搅动并在原始汤中冒泡的有机化学物质，偶然遭遇闪电、陨石撞击或者仅仅是量子随机性，其中的一些化学物质瞬间形成一种构型，导致与其周围环境发生反应，然后又对该构型进行更多的复制。当这些构型一次又一次地碰撞时，它们中的大多数都被分开了，有一些偶然地发现自己处于新的、可能更复杂的形状中，这使得它们能够更快、更完美地复制。然后，经过数十亿年的时间，这些简单的构型变成了氨基酸和蛋白质：核糖核酸（RNA），脱氧核糖核酸（DNA），细胞，多细胞生物体……

正是累积优势使得原始海洋中的第一个自复制分子得以传播，或者更有可能的是，海洋中的第 n 个自复制分子比之前的分子传播得更快，从而将其消灭。正是在某些幸运的非洲灵长类动物身上发生随机突变的累积优势，使它们有了更大的大脑和更好的沟通技能，使它们能够发明工具、火、农业和写作；使它们能够合作，传播并最终征服地球。我们自身就是由累积优势构成的。

进化也显示了上述累积优势所有的缺陷。尽管我们钦佩其结果（也就是说，尽管我们迷恋自己），即生化纳米技术系统远远超出了当今科学家和工程师的理解，但它无可救药地存在路径依赖。著名的例子就是二磷酸核酮糖羧化酶（Rubisco 酶），它是地球上含量最丰富的酶，通过催化从大气中捕获的二氧化碳来推动光合作用。然而，Rubisco 酶的进化出现在大气中存在丰富的氧气之前，在今天的富氧大气中，Rubisco 酶可以而且确实会将氧气误认为二氧化碳，从而捕获氧气而不是二氧化碳，产生有毒的副产品，浪费新陈代谢能量。由于 Rubisco 酶的这种特性，光合作用的效率比没有 Rubisco 酶的光合作用效率要低四分之一左右。但是，Rubisco 酶与植物的其他复杂生物化学联系得太紧密了，现在已经无法用一种适合有氧环境的酶来取代。取而代之的是，随着时间的推移，植物生物学进化出了一种越来越复杂的拼凑机制，以解决这种低效的问题并将成本降至最低，生态系统已经在现有植物周围如雨后春笋般涌现，这些植物为它们授粉，繁殖它们的种子，并提供它们以养分。要想在没有 Rubisco 酶的情况下重新发明光合作用，任何新的突变都需要非凡的运气才能克服这些根深蒂固的优势。

管理大脑神经元的过程也受到累积优势支配。突触被激活的频率越高，它就变得越强大，产生的影响也就越大。很少被激活的突触会随着时间的推移而被修剪。（在大脑中，累积优势的缺陷表现为抑郁、上瘾等。）当然，本书是关于金融市场的利差交易的，金融市场在整个经济中分配商品和服务，从而形成人类文明的神经系统，尽管它可能不完美，但已经取得了非凡的成就。哪里有生命，哪里有智慧，哪里就有累积优势。这似乎不是巧合。

利差交易无处不在

根据今天对物理学的理解，不确定性或随机性是宇宙的基本属性。我们将累积优势描述为将随机性具体化的优势，即利用随机性将短暂机会永久化以及将混乱塑造成秩序的优势。正如我们试图在整本书中解释的那样，通过金融市场（特别是波动率），即通过将世界所有的不确定性压缩到价格这个单一维度的方法，厘清了利差交易和不确定性之间的这种联系。

利差交易的根源是（过剩的）流动性。流动性意味着投资组合或实体吸收冲击、对不确定性的负面认知并保持不受损害的能力。流动性意味着投资组合或实体承诺以一定价格代表他人承受冲击的能力，这反过来也意味着从不确定性的正面认知中获利和增长的能力。流动性意味着面临着不确定性。流动性最好的定义就是距离破产的远近。宇宙中不确定性的必然性意味着毁灭总是在不远处，正是通过利差交易，这种造成每个个体或实体最终毁灭的必然性变成了个体或实体作为整体需要适应的必然性，以及类似于进步的东西。

因为风险、破产和流动性不仅仅是金融世界才有的，它们在真实世界中也有类比物，我们所描述的金融利差交易的特征也适用于利差交易的实际类比物。这些明显的特点就包括短期波动率头寸所拥有的敞口，即“如果没有变化就会有回报”，以及锯齿形的回报模式。成为任何等级制度的领导者，无论是一群狗的头儿还是一家大公司的首席执行官，都是在接受利差交易的好处，如最好的一块肉和交配机会、丰厚的奖金，以及使用公司喷气式飞机。但作为交换，领导者必须时刻保持警惕，因为王位的挑战者太多了。一个公司、政府、犯罪家族或单纯的社会团体的内部政治越恶毒，也就是说组织内的代理人越愿意利用毁灭来相互攻击，老练的利差交易者崛起得就会越快、越稳定，然而他们最终的衰落也就会越快、越可怕。与金融利差交易崩盘类似的是董事会政变、政治清洗以及突如其来的处决。

事实上，历史上最强大和最可怕的利差交易政权很容易被确认为非金融政权。在每个例子中，暴力、酷刑、谋杀（换言之，以最纯粹和最可怕的形式进行毁灭和利差交易）不仅被看作是不可避免的，还会被积极采纳，以服务于一些所谓的更大的利益。在每种情况下，革命者释放出的利差交易都脱离了他们的控制，有了自己的生命，最终，手段变成了目的。显而易见的是，几乎在上述每种情况下，革命者最初的计划都是推翻现有的、敌对的利差交易政权。如果可以从这些示例中吸取一个简单的、程式化的教训，那么使用利差交易来对抗利差交易可能是最危险的事情。

利差交易就是权力

本章的重点在于“利差交易”其实是金融市场对权力的委婉说法。权力机制也是一种累积优势，而权力真正的形式是没有参照物的累积优势，即沿着某个维度衡量的优势，这种优势不依赖于自身以外的任何现实。（美貌需要依托，歌唱也需要依托，但“因出名而出名”不需要。）只要存在风险，权力就必然存在。权力是承受风险（并生存）的能力，也是承担风险（并取得成功）的能力。换句话说，这就是期权特性。这是不可避免的，也是必要的，它是宇宙中出现复杂性（生命、意识、文明）的动力。

然而，我们所指的利差交易体系的扩散必然意味着市场价格结构与基本经济现实的渐进式脱钩（因为自给自足的脱钩与基本面脱钩才是纯粹的权力）。从极长期看，这种脱钩会削弱增长并增加经济风险。尽管货币政策一开始可能只是无意间推动了这种脱钩，但最终也被它俘获了。这种脱钩，尽管它可能是看不见的，但仍在对整个发达国家的政治环境和社会结构产生越来越严重的腐蚀影响。简而言之，权力的诞生虽然不可避免，但我们不应鼓励其发展得过于强大。

The Rise
of Carry

| 第 12 章 |

利差交易全球化

(金融) 市场"想要"什么

从标准金融经济学教科书的角度来看,"金融市场想要什么"这种问题似乎是无稽之谈。金融市场应该与任何其他类型的市场没有什么不同,比如市中心的农贸市场,它要么是一个实体场所,要么是一个虚拟场所,买家和卖家在这里会面,进行互惠互利的交易。购物者拿到蔬菜当晚餐,农民维持生计。谈论或思考农贸市场的"需求"是没有任何意义的,那么谈论金融市场的"需求"又有什么意义呢?

然而,在金融业界考虑市场想要什么或期待什么是相当常见的。例如,财经记者可能经常写到"市场"希望政府实施某些政策或希望美联储降息。大多数人可能会说，这只是谈论投资者想要什么的简单说法。但是，当我们认为金融市场是由利差交易主导的，而利差交易又是一种累积优势和权力，这相当于一种进化过程，那么我们就可以从不同的角度来看待这些概念。在进化的背景下，一个物种“想要”生存和繁殖，它会发展出一套身体和行为特征，旨在最大限度地适应特定环境，但环境本身会发生变化，大多是渐进的，但偶尔也是突然的。因此，存在着一个持续不断的局部适应和环境变化的反馈循环。当我们认为一个金融市场不仅是一个实现交易的中立中心，而且是一个具有自身结构、不断发展的网络，那么思考市场想要什么也是合理的。

第 5 章从以上角度考察了金融机构的资产负债表和激励机制是如何帮助推动利差交易体系演变的。这有助于我们理解市场是如何实现目前状态的。当然，由于这些机构面临的激励和约束也会变动，目前的结构也会改变，机构本身也会发生变化。对冲基金在 25 年前还是个小角色，现在它是许多市场的关键价格制定者。几乎可以肯定的是，今天的一些小公司将在 25 年后成长为市场的核心。这种制度变化反过来将与诸如做市、技术或监管决策等市场功能属性的发展相互作用。

因此，我们坚信市场将继续发展，并向着以促进利差交易的方向发展。重要的是，货币政策领域的监管发展以及机构本身性质的变化，将朝着使利差交易力量更强的方向发展。市场想要的是更强劲的利差交易，更大的权力和更集中的财富。市场想要的是金融社团主义，即政府和监管机构与拥有垄断或准垄断的大公司惺惺相惜，并执行相应的政策，并通过央行体系来支撑公司的股价。这将是一套鼓励利差交易进一步扩大的组合方案。

当然，这些观点很少会用上述术语来表达，相反，投资者被告知他们需要更多的流动性，更多的信贷渠道，以及更少的市场波动。这些都是利差交易者提供的东西。因此，向社会提供这些具有利差交易特征的新产品、新机构和新法规的动力越来越大。从某种意义上说，利差交易的力量能够俘获政治体系。但更重要的是，最近几年利差交易逐渐向全面的全球化发展。左翼政治活动家认为这是“资本主义全球化”。但其实这真的不是资本主义全球化。“资本主义”对不同的人意味着不同的含义、不同的政治谱系。但资本主义的基本要素肯定包括自由市场（包括自由的金融市场）、能在竞争非常激烈的环境中运营的企业、私人和可转让的企业所有权，以及提供法治框架和确保交易机制稳定的政府。我们今天所拥有的与这种概念相去甚远，而更接近于可以被描述为金融社团主义的东西。

在世界这个层级，各国政府之间的合作、多边机构的影响力，特别是央行之间的合作，一直是鼓励利差交易全球化的关键因素。前几章详细讨论的货币利差交易一直是这种全球化的重要传导机制。

道德风险的全球化

在第 7 章中，我们讨论了全球金融市场的利差交易体系如何最终与经济增长和利率水平一起趋同于零（我们称之为“消失点”）联系在一起。在第 9 章中，我们认为标普 500 指数，由于其巨大的流动性和衍生品市场的深度，必然是一种位于全球利差交易体系中心的利差交易。人们只需从这些洞见向前迈出一小步，便可以认识到，随着向消失点的汇合，像标普 500 指数这种套利工具自身的利差交易也将同时于此汇聚。

在全球利率体制趋同的背景下，央行会引发全球性的道德风险。我们在本书中强调，央行政策造成的道德风险对金融市场利差交易的崛起起到了根本性的作用。主要发达经济体的低利率或零利率、救助安排、各国央行的量化宽松政策，以及它们在市场“不稳定”情况下进行干预的隐含承诺，都鼓励了旨在从预期市场低波动率中获取回报的投资或投机策略。

在美元作为利差交易首选的融资货币，扮演着全球主要储备货币的角色的情况下，美元日益占据主导地位。更重要的是，美联储与其他央行之间存在流动性掉期安排，而且美联储在美元融资市场出现压力时，愿意进行大规模流动性掉期交易。央行流动性掉期安排也可以被视为给全球经济中的“美元循环流动”提供担保（这是第 2 章讨论货币利差交易的一个主题）。当我们认为全球利差交易体系从根本上是一种通缩制度，由数万亿美元计的潜在相互关联的货币利差交易、信贷利差交易和卖出波动率交易组成时，如果没有美联储通过流动性掉期为其提供担保，这个制度就不太可能在美元作为主要资金和储备货币的情况下存在。

为了说明这一点，我们可以回到本书前面采用的一个例子，一家假想的巴西公司借入美元为当地投资提供资金。想象一下，当资金到期并不得不进行再融资时，出现了一场全球利差交易崩盘；利差交易正在平仓，巴西货币雷亚尔兑美元汇率暴跌。在这种情况下，这家巴西公司很可能难以使用非惩罚性的条款为其美元借款进行再融资。此时就是流动性掉期的用武之地。巴西央行允许一家巴西银行获得美元融资，来为公司债务再融资，央行进而通过与美联储进行流动性掉期交易获得这些美元。

图 12-1 显示了美联储流动性掉期的未偿还余额，单位为 10 亿美元。与第 2 章中的图 2-2（作为美元利差交易的指标）仔细比较，就会发现美联储的流动性掉期与未完成的美元融资利差交易呈负相关。当货币利差交易收缩时，美联储增加掉期交易提供流动性，当利差交易增长时，美联储减少掉期数量流动性。

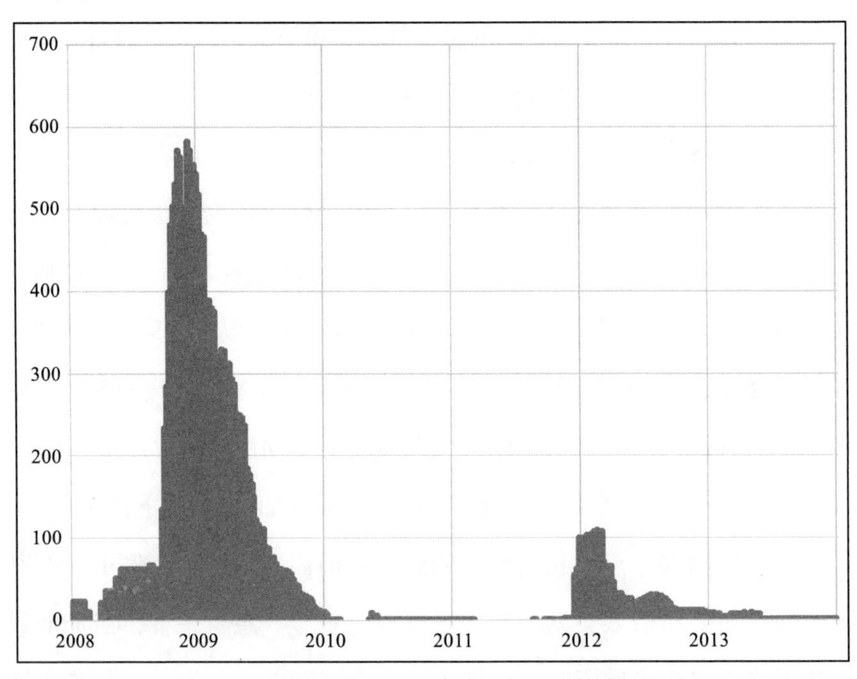

图 12-1　2008 ~ 2013 年美联储流动性掉期的未偿还余额（单位：10 亿美元）

资料来源：FRB。

这是因为就像在2008年雷曼兄弟破产前后所表现的那样，当利差交易大幅收缩时，美元借款人就无法展期融资。这个过程一旦开始，就很难停止，即使对拥有充裕美元外汇储备的国家来说也是如此。例如，2008年10月，韩国货币兑美元汇率大幅下跌，其股市暴跌超过30%。尽管韩国拥有世界第六大美元外汇储备（约2500亿美元），并拥有坚实的宏观经济基本面，但仍旧出现了这种情况。尽管如此，只有在美联储掉期额度到位的情况下，韩国银行才能稳定货币。[⊖]当韩国央行已经徒劳地花掉了600亿美元的美元储备时，为什么美联储300亿美元的掉期额度会稳定市场？原因是，美联储最终拥有无限数量的美元流动性可供支配，而掉期额度是一个信号，表明它将稳定美国以外的美元市场视为其职责的一部分。

美联储发出的信号表明，它认为稳定（也就是抑制）全球美元融资市场的波动非常重要。事实上，仅美联储宣布的掉期额度就足以压缩其他接受美元掉期的新兴市场（如巴西、墨西哥和新加坡）国家的信用违约互换利差。最终，这些国家不需要有意动用这些融资便利，光是来自美联储的信号已经足够了。美联储并不是唯一一个感到有必要救助利差交易债权人的央行。瑞士央行在2008年10月与匈牙利央行和波兰央行签订了掉期协议。这可以被视为是更广泛救助东欧利差交易的一部分。就匈牙利而言，欧洲央行启动了信贷额度，IMF、欧盟和世界银行也提供了250亿美元的全面救助计划。但美联储已与许

⊖ 参见 J. Aizenman, Y. Jinjarak, and D. Park, “International Reserves and Swap Lines: Substitutes or Complements?”, National Bureau of Economic Research, March 2010。

多央行达成了掉期安排。2013年10月美联储宣布，与其他多家央行的临时掉期安排已转为永久性安排。

当央行做出这类声明时，通常会受到媒体和金融业的普遍认可。掉期协议是央行想出的聪明的“新工具”，用于“控制市场波动”。没有人，至少没有一个“理智的人”喜欢市场波动，那这有什么不好呢？正如韩国的例子表明的那样，例如，潜在的全球融资市场上挤兑蔓延情况可能并不总是基于基本面，它会迫使央行在金融压力下采取行动，通过掉期或其他工具为市场提供流动性担保。

问题是，这些救助机制使得货币利差交易的资金出借方不再考虑市场纪律。设想一个高利率的国家，如果利率特别高，那肯定是有原因的，而这个原因通常会与通胀率较高有关。如果通胀率高的话，一般来说，楼价和经济中的其他资产价格都会有上升的趋势。例如，如果人们能够以低利率货币获得抵押贷款，那么这将是非常诱人的，尤其是在人们认为央行不会允许本国货币汇率大幅下跌或迅速下跌的情况下。然后，房地产投资者或投机者可以以低利率融资购买升值率高的不动产。

银行或其他贷款人在与抵押贷款借款人进行此类交易时应保持警惕。银行将不得不通过在同业市场或其他融资市场借入外币来为这笔贷款提供资金，这里可能存在失去外币融资渠道的风险。如果低利率的外币在外汇市场上的确出现了大幅升值情况，那么购房者可能无法偿还按揭贷款，并可能陷入负资产局面。

如果后一种可能真的发生了会出现什么情况呢？通常，如果银行发放了许多这样的抵押贷款，其偿付能力可能会受到威胁。它可能很难将其外币借款展期。外币发行国的银行或机构如果担心普遍存在资不抵债的问题，很可能不愿发放信贷，因为它们会成为资金的被动提供者，但如果各国央行间存在外汇掉期网络，那么这个问题就不复存在。这些银行只是通过向本国央行借款来对其外币借款进行再融资，而本国央行反过来又能从外国央行借款。

这就使得“债务延期，假装不知”（extend and pretend）的情况变得更容易了。与其取消抵押贷款借款人的抵押品赎回权，银行可以顺其自然，希望情况自动解决，而不会注销任何贷款。如果确实就像金融危机后发生的那样，货币利差交易再次扩大（有更多的借款人被引诱借入低利率的外币），那么，至少在一段时间内本币汇率可能会反弹，从而减少或消除资不抵债的问题。这里有一个明显的“庞氏骗局”特点，即只要能鼓励更多的“参与者”进入这种利差交易，那么每个人似乎都会再次成为赢家，至少在较长的时间内是这样。

此时，市场纪律会被严重削弱。无论是从借款人还是从贷款人的角度，破产的风险都降低了。一个市场对利差交易增长的限制大多都是针对借款人（潜在的利差交易者）一方，主要是货币一旦突然发生不利变动，借款人会面临的风险。然而，如果央行被认为是十足的干预主义者，就像它们一直以来所做的那样，这种风险会被认为是有限的。由于全球央行网络愿意为任何货币提供流动性，“追加保证金”的风险大幅降低了。

很少有金融市场评论员质疑央行直接参与外币借贷融资或全球央

行之间的合作。如果央行的行为能减轻市场压力或防范危机，这一切似乎说得过去。但事实并非如此。自由市场经济致力于提高生活水平，这是一个需要时间来推进的过程。在相关过程中，组成经济体的亿万人民在价格及其对风险和潜在回报评估的指导下，做出事关工作、支出和储蓄（和投资）的决定。当然，随着时间的推移，这个过程带来生活水平的提高通常不是线性出现的，它有时可以前进三步，有时也可以后退两步。但从长远来看，违背市场纪律可能会导致资源累积配置不当，最终导致人们的生活水平下降。

在上述的具体案例中，如果高利率国家的抵押贷款借款人采用了低息外币抵押贷款，这个决定所涉及的风险评估失真，意味着抵押贷款的成本将看起来比实际情况要便宜。因此，抵押贷款会发放过多，房地产价格将会超过真正合理的水平。所以，最终会出现房地产泡沫，或者建造了太多的房地产，导致资源浪费。当房地产市场最终崩溃时，真实成本就会大白于天下。

由于利差交易造成了这种失衡局面，最终肯定还会发生利差交易崩盘。央行和政府干预市场的效果是极大地延长了利差交易泡沫持续的时间，导致累积起更大的资源浪费。随着时间的推移，这将严重破坏经济增长。

利差交易的隐秘结构

随着全球利差交易体系的推进，美国经济及其金融市场的中心地位变得越来越显著。作为全球储备货币，美元已成为全球货币利差交易的主要融资货币，美联储愿意通过与其他央行的流动性掉期交易提供资金后盾，这进一步巩固了美元的地位。标普 500 指数已成为卖出金融市场整体波动率交易的核心，进而成为全球利差交易体系的中心。这种融合让美联储能够有效充当世界央行的角色。利差交易以近乎神奇的方式将高风险的非货币金融工具转化为“类货币”，然后从美国传播到世界其他地方。不仅在美国，而且在世界各地，财富似乎急剧增加，利差交易涉及的资本流动规模也越来越庞大。

与此同时，美国以外的利差交易体系不可避免地会更为脆弱。与美国相比，特定的新兴经济体或其他经济脆弱的国家更容易出现利差交易崩溃的情况。利差交易体系将造成经济失衡，新兴经济体没有美国所拥有的能够创造世界储备和成为主要融资货币的能力。脆弱性和不平衡包括收入和支出之间的不平衡、经济体金融结构的变化，甚至就业结构和人口技能范围的变化。其中一些问题在本书中有所涉及，例如私募股权和对冲基金的崛起及其作用（参见第 5 章）、货币利差交易造成的失衡（参见第 2 章和第 3 章），甚至货币本身性质的变化（参见第 7 章）。但利差交易扩散的后果可能超越以上这些影响，使知识背景适应利差交易扩散，延伸到更深层次、更具哲理性的东西。

在华尔街，整整一代甚至可能不止一代投资者和专业人士，都在利差交易体系中“成长”，学会并进行交易。他们对任何不同的事物并没有真知灼见。利差交易体系不是什么抽象的概念，它已经成为人们的思维方式。央行和政府的干预主义政策对利差交易体系的发展至关重要，在利差交易体系中它们似乎能够“奏效”，于是干预主义成为经济学的主流思想，例如，人们普遍认为，应对金融市场波动是央行的工作。因此，利差交易体系持续的时间越长，知识分子和政策环境就越适应它。

经济学最重要的内容是有关预期以及它们是如何形成的。以本书前面提到的土耳其为例，该国的高通胀率、高利率、缺乏竞争力的货币，以及大量由短期债务流入资本融通资金的经常账户赤字，本应阻碍投资者投资于土耳其本币债务。他们应该预料到，被高估的货币将大幅贬值，货币贬值将超过土耳其债务工具所能提供的任何收益率溢价。基于这种思路，理论上在土耳其货币贬值到吸引投资者重新购买债务工具（或其他土耳其资产）的程度之前，经常账户赤字不会轻易获得融资。只有当货币足够便宜，且该国具有足够的竞争力，从而允许经常项目赤字沿着与未偿还债务以更加可持续增长相一致的路径减少时，投资者才会开始购买本币债务工具。

然而在利差交易体系中，个人的预期是与其他人的预期一起形成的，并受到当局可能采取的行动的影响。因此，投资者或投机者很可能会注意到土耳其债务的利率很高，高于世界市场上大多数其他债务的利率。他们明白其他投资者和投机者是被提供的高收益所吸引。他们会考虑评级机构给予的信用评级，并分析土耳其政府、央行以及国际间政府和机构的政策。只有确信土耳其央行会保卫其货币，他们才会购买债务，来获得额外的收益。毕竟，如果货币的下行压力看起来太大，他们总是可以晚些再卖出美元。

因此，在利差交易体系中，不存在传统意义上快速回归均衡状态的情况。经济失衡，以及与此相关的债务水平，只会持续存在或越发严重。只要利差交易泡沫还在继续，资本流动持续流入，一切看起来就还能维持正常。当利差交易崩盘袭来，市场流动性蒸发时，这种情况就会结束。在过去土耳其等国的货币利差交易例子中，那些拥有大量未偿还外币债务的国家会看到这些债务的收益率飙升，并将无法继续再融资。正如前面讨论的那样，经历了这样一场危机的国家很可能会发生的情况是，央行介入，通过流动性掉期安排为外币债务人提供再融资。如果该国自身已经资不抵债，那么可能会由 IMF 牵头进行全球救援。

在利差交易崩盘中，制造出这些在任何正常情况下都应该是高风险产品的大型投资者和投机者，理所当然应该承担大部分或全部资金损失。但在现实中，最终他们的损失通常会受到各种央行、政府和 IMF 救助的限制。当把利差交易作为一个整体考虑时，即使考虑到那些已经提前回升的利润和资本收益，它们的表现往往会好于市场。这可能是自利差交易体系开始以来所实施的大多数利差交易的情况。随着时间的推移，在某种程度上，利差交易者在利差交易体系内的净收益，来自那些没有足够资源在利差交易崩溃中幸存下来的政府、央行（即纳税人），以及后来者所造成或者最终造成并承担的损失。

因此，失衡规模越大，持续时间越长。利差交易体系必然与高水平的系统性杠杆和相关债务以及潜在的通缩趋势相关。通缩倾向、高负债和持续的失衡不可避免地意味着经济增长趋势走低，从而意味着利率水平会降低。所有这些因素互相影响，并逐步与当局的干预相互作用，从而加强了整个利差交易体系。金融市场和经济结构逐渐演变为容纳和促进利差交易的结构。开发新的金融工具是为了让投资者从利差交易中获利。非金融业务被吸引到本质上仍是各种类型的利差交易当中，以维持或增加当期利润。

在这个世界上，即使是那些认识到利差交易体系危险的人，也会发现很难对冲相关风险。由于利差交易崩溃必然涉及波动率的大幅飙升，因此针对此事件的天然对冲手段将是做多波动率。然而，正如我们在第 6 章中所展示的那样，自 2009 年以来，持有结构性波动率多头的投资者实际上已经损失了所有资本。那些担心利差交易崩溃的人会转而尝试以“战术节奏”来做多波动率吗？换句话说，能否提前检测到利差交易崩溃，并在事件发生前进行对冲操作？

证据表明，一旦隐含波动率曲线反转，也就是说，一旦现货波动率指数开始高于远期波动率水平，短期波动率将继续呈现出走高趋势。然而，这里的时机是很微妙的，交易者必须在几天内从持有中性头寸或空头转变为波动率多头。此外，这不是一种万全的保护策略，其中总是存在错误信号的风险。与任何一种战术策略一样，问题变成了波动率多头应该在什么时候平仓。如果利差交易体系重启，就像它在过去 20 年里反复出现的那样，波动率可能会迅速回落，波动率多头的利润就会被抹去。因此，一些非常老练的参与者可能会选择波动率的短线战术交易这条途径，但对于大多数投资者来说，这并不是一种现实的选择。

不仅利差崩盘很难对冲，实际上投资者要避免自己成为利差交易体系的积极参与者也非常具有挑战性，即使他们认识到了这种情况的危险性。随着利差交易扩大，资产价格也会上涨，在标普 500 指数等对利差交易体系至关重要的市场更是如此。价值投资者并不是没有注意到这一点。那些试图衡量美国股市绝对回报前景的估值指标，如席勒（Shiller）的经济周期调整市盈率或托宾 Q 值（Tobin Q）表明，多年来美国股市估值一直很昂贵。然而，基于这些指标而选择避开标普 500 指数始终是一个糟糕的投资决策[⊖]。

利差交易体系使得标普 500 指数看起来昂贵，但也使实际利率较低。许多市场参与者观察到债券的实际收益率为零或为负，并得出结论，股票至少相比较而言是有吸引力的，现金也会被拿来进行同样的比较。自 2008 年危机以来，在过去十年的大部分时间里，现金实际收益率一直为零或为负，相对来说这使得股票看起来很有吸引力。此外，对于职业基金经理来说，他们的薪酬和就业与市场业绩挂钩，手持现金的风险很大。因此，对他们来说，不参与利差交易体系造成的资产泡沫，生存就变得格外困难。事实上，对于大多数投资者来说，继续买入泡沫可能是相当理性的，这是老华尔街人（这个名字现在听起来几乎和古怪是同义词）的 2.0 版，他们说"没有人会因为购买 IBM 而被解雇"，现在则是没有人会因为做多标普 500 指数而被解雇。毕竟在崩盘过程中，不仅有人预期央行将进行干预，而且由于几乎所有的投资者都蒙受了损失，没有哪个机构会因为被认为做出了糟糕的决定而被单独挑出来责备。

⊖ 作者对此有切身体会。

此外，如果利差交易体系最终持续下去，一旦崩盘之后出现新的利差交易泡沫，那些拥有足够资源且在崩盘中幸存下来的利差交易员将会重新获得成功，从而积累更多的财富。常见的模式是，利差交易崩盘将消灭利差交易泡沫中的后来者，即那些赶不上潮流的人，或者那些没有足够资源在崩盘中幸存下来的人。那些能够生存下来的人，即那些拥有足够资源的人，将在下一阶段的利差交易体系中获得更大份额的财富和收入。

The Rise of Carry

| 第 13 章 |

超越尽头

点石成金

利差交易体系描述了金融市场和经济运行的方式，这是一种不同于传统经济学和金融学思维的理解方式。正是利差交易体系使得经济学家运用标准模型无法令人满意地解释过去 20 年发生的经济发展和金融市场现象，其中最引人注目的是 2007 ~ 2009 年的全球金融危机。

在本书中我们提出，利差交易虽然是一种自然发生的现象，但我们认为，它是由法定货币制度和央行政策推动的。很明显，正如我们希望我们之前已经令人信服地证明的那样，至少自 20 世纪 90 年代初以来，金融市场和整个金融体系一直在强大的利差交易体系下运行。

某些统计分析（包括第 4 章展示的货币利差交易数据）显示，这种明确界定的利差交易体系可能起源于 1987 年，紧随当年历史性的股市崩盘。这将倾向于将责任归咎于各国央行，特别是美联储。一个具有决定性意义的时刻是美联储在股市崩盘后立即明确表示支持金融市场和金融体系。可以说，美联储 1987 年行动的明显效果可能为随后利差交易体系的发展奠定了基础。

货币政策已越发明显地成为道德风险的来源，成为进一步扩大利差交易体系的工具，而不是将利率设定在与长期货币稳定相一致的水平。很少有金融市场的观察家或参与者正视这一点。在 2015 年，随着美联储六年多来一直将基金利率维持在接近于零的水平，金融评论和辩论的焦点都在于美联储预期中的加息时机。许多市场参与者质疑，既然金融危机早就结束了，为什么利率仍为零。争论的另一方则认为，美国通胀率仍然较低，劳动力参与水平仍然疲软，因此不急于加息。这类讨论仍在传统货币框架的背景下持续进行，短期利率上升将减缓信贷需求（和货币供应增长），除非经济正在回升且足够强劲，否则这将会给通胀带来下行压力。因此，在 2015 年，经济学家头脑中的问题仍然围绕着经济增长是否足够强劲和可持续，是否值得加息。

现实中，在 2015 年就已经存在非常庞大的利差交易泡沫了，这种类型的辩论类似于中世纪虚构的关于针尖上可以站多少天使的辩论。金融市场和经济都已经成为利差而不是利率本身的函数，只有在短期利率释放出央行支持金融市场意愿的信号时，短期利率才是重要的。如果升息似乎是央行减少对金融市场支持的一部分，进而也是利差交易体系的一部分，那么升息有可能引发利差交易崩盘，而利差交易崩盘就意味着流动性蒸发和经济崩溃。因此，在这种模式下，经济是否强劲到值得加息的地步，这种问题并没有抓住要点。问题正确的问法应该是，升息是否会引发利差交易崩盘。基于此，量化宽松更为重要，其本身就是巨大的利差交易。

此外，利差交易体系意味着潜在的经济增长正在减弱。当经济中的大部分资源都投入到某种活动（利差交易）上时，这种活动在极端情况下类似于一种寻租行为，那么无论 GDP 数据在短期内显示什么经济变化，潜在或趋势经济增长率一定会下降。

因为利差交易体系制造了一种假象，即央行都很强大，尽管从根本上讲，它们正在变得软弱，但大多数人无法理解这一点，央行行长的每一句话都受到了极大的关注。央行的主要政策利率怎么可能不重要呢？至少在金融市场参与者看来，这一点理所当然是极其重要的。

利差交易体系抑制了波动性，并推高了金融资产和至少部分实物资产（如房地产）的市值。非货币性金融资产似乎也具有了货币性。以前被视为垃圾的债务似乎更安全；金融结构产品的使用似乎神奇地将不良信贷或信用衍生品变成了 AAA 评级的证券。ETF 等金融产品似乎为投资者提供了所有领域中最好的东西，即获得前沿市场[⊖]股票和新兴市场本币债券等各类资产的机会，以及每天交易这些资产的能力。

⊖ 前沿市场（Frontier Market）是指那些还处在经济和政治发展初级阶段的小国家的资本市场，如巴基斯坦、尼日利亚和科威特等。国际金融公司（IFC）在20世纪90年代提出了前沿市场的概念，用以描述新兴市场大集团中的特定子集。前沿市场通常被认为是全球风险最大，但同时也是潜在增速最快的市场。一些证券交易所还设立了前沿市场指数旨在跟踪这些市场的表现。——译者注

央行行长们看起来几乎就像传说中的迈达斯国王（King Midas）[⊖]——他实现了自己的愿望，即所有接触到的东西都能变成黄金。当然，只有在一个版本的寓言中，他触摸了他心爱的女儿，悲剧性地认识到了其方法的错误所在。我们或许希望决策者也能经历同样的顿悟，不过，我们也必须对这种期待保持谨慎。

尽头之外有什么

如果决策者没有改变的意愿，那么利差交易体系发展的终点会在哪里？在第 7 章中，我们讨论了利差交易体系走到尽头的情况。在该点上，利差交易体系会导致国家为了 GDP 而牺牲未来，以至于经济增长趋势为零，实际利率为零，名义利率为零，甚至可能是负利率。（尤其对投资者而言）最大的问题是：

（1）利差交易体系有没有可能在这之前结束？

（2）我们如何完全区分“利差交易体系终结”和“仅仅只是利差交易崩盘，随后又会出现新的泡沫”？

（3）如果利差交易体系真的结束了，接下来会发生什么？

这些都是很重要的问题，不可能有明确的答案。第二个问题突显出，我们需要区分利差交易体系究竟是真正结束还仅仅只是严重的利差交易崩溃，比如 2008 年的金融危机——当时人们可能感觉像是世界

⊖ 迈达斯是希腊神话中的佛里吉亚（Phrygia）国王，贪恋财富，求神赐给他点物成金的法术，酒神狄俄尼索斯（Dionysus）满足了他的愿望。最后连他的爱女和食物也都因被他手指点到而变成金子。他无法生活，又向神祈祷，一切才恢复原状。——译者注

末日，但最终资产价格迅速回升，股价创下历史新高。最终，2008年的危机导致了利差交易体系进一步加强。

在本书讨论的利差交易体系的各种特征中，在当前背景下可能是最重要的（投资者要理解和考虑的最重要的）两个特征是，利差交易体系与潜在的通缩压力相关以及利差交易体系的存在（以其金融表达形式）在很大程度上要归功于各国央行及其管理现代法定货币体系的方式。这些至关重要的特征表明，利差交易体系的终结最终可能表现为系统性崩溃，央行的主导作用由此结束或通胀飙升，或两者兼而有之。如果崩盘没有导致这两件事发生，那么很可能利差交易体系会继续下去，并会出现新的利差交易泡沫。

我们在第10章讨论了抽象的反利差交易体系存在的可能性，这将是以高通胀为特征的利差交易体系的镜像，在反利差交易崩溃期间，通胀螺旋式上升并最终失控。但我们也注意到，这样的利差交易镜像实际上并不是真正的反利差交易体系。基于某些基本定义，反利差交易体系与利差交易体系非常类似，两者都存在与不平等加剧、政治和经济权力集中等相关的趋势。在这样的反利差交易体系下，仍然会有法定货币，想必还会有央行，或者至少是政府的某个部门，对货币的创造拥有垄断权力。

然而，螺旋上升的通胀可能会导致货币替代现象的进一步发展，最终将取代法定货币。加密货币的出现只是一个早期迹象，表明金融利差交易体系背后根本的、长期的货币不稳定已经在破坏人们对法定货币的信任了。货币可以履行三个经典的功能：交换媒介、价值储存和计价单位。价值储存是其中的关键属性。但这些功能是相互关联的，如果货币作为价值储存的功能受到严重破坏，那么它作为交换媒介的可行性很可能也会降低。这种情况在传统恶性通胀中出现过，也是最有可能出现其他竞争性货币形式的时机。从恶性通胀历史上看，这些都是众所周知的东西，比如香烟就是某种替代品。

要成为一种可持续的货币形式，人们通常认为它必须具有某些物理以及其他属性，有些人会认为黄金是唯一具有这些属性的物质。但我们认为，这些物理属性如耐久性和可分性，并不是货币的关键方面，现代经济中可行的货币至少应具有以下两个属性之一：基础货币必须与基础经济资产需求相对应，并因此与经济累积储蓄挂钩；或者，基础货币必须具有高昂的生产成本。

这些观点值得商榷，经济学家们也曾对此进行过辩论。但如果基础货币与实际基础经济资产对应的债权不符，例如，假设央行创造了高能货币（如现金货币），但没有持有任何有价值的资产，那么货币和财富（即“真正的财富”）将完全分离。有一种想法认为，天下没有免费的午餐，不应允许这种情况发生，也可以认为这与“金钱本质上是建立在信任基础上的”概念联系在一起。现有加密货币没有以任何方式与经济基础资产挂钩的特点。持有加密货币的来源是通过分布式分类账簿实现的，而不是作为一种金融债权。但加密货币确实有很大的生产成本，这意味着不能忽视关于它们是否将发展成为另外一种甚至更优货币形式的争论。

货币问题的最终解决方案可能是允许将资产（无论是股票、债券、财产还是其他资产）直接用作交换媒介的技术。也就是说，“货币”将以持有者的资产为担保，而货币的转移将是对这些资产中一定比例债权的转移。这将解决可用货币应与实体经济债权相对应的要求。这将消除银行挤兑的可能性，代价就是每个货币持有者都要接受日常购买力的少量变化，这取决于货币持有者所拥有的特定资产的表现。随着富有流动性的现代金融市场日益电子化，这样的解决方案在技术上是可行的，它可以通过像加密货币这样的分布式账簿，或者通过集中式竞争性私人“银行”（正如目前所理解的那样，这将是介于共同基金和银行之间的一类东西），甚至通过政府提供的垄断服务来实施。

目前，这样的解决方案似乎不太可能被广泛接受，因为无论是现状还是公众显示的偏好，似乎都更倾向于甘愿冒挤兑和危机的风险，而不是在正常情况下忍受购买力的浮动。但是可以想象，一个极度通胀的反利差交易体系很可能会改变人们的看法。

诸如此类的发展最终可能会带领我们走出利差交易体系，甚至是进入反利差交易体系，继而进入一种涅槃状态，在这种情况下，金钱和对金钱的控制不再是社会中的主导力量。正如本书暗示的那样，这样的发展很可能是一个两阶段过程的一部分：利差交易体系首先被通胀摧毁，然后通胀的反利差交易体系被出现的竞争性替代货币摧毁。

然而，现在还不能确定利差交易体系的结束是否符合这个模式。我们可以想象，利差泡沫带来的通缩式内爆与2008年几乎发生的情况有些类似，各国央行无法从中着手推动复苏。这基本上意味着趋同点要比消失点更远，均衡利率将降至远低于零的水平。当然，这正是一些经济学家和观察家所一直担心的：利率低于下限。考虑到在本书撰写时，相当多的金融资产总价值在到期前以负收益率交易，而且几个重要经济体都处在短期负利率当中，以上的想法一点也不牵强。

在利差交易体系阶段，如果出现不受控制的通货紧缩崩溃，肯定会终结这种机制，并颠覆当前的社会、政治和经济秩序。显而易见，问题在于接下来可能发生的事情可能要糟糕得多。因此，央行和政府一起采取极端措施的可能性会更大，这些措施超出了现行法律的范围，但被认为是“拯救世界”的当务之急。

在这种情况下，一种极端的措施可能是直接将政府支出货币化：向每个家庭或个人寄支票，即可能通过直接印钞来“支付”的“退税”形式。如果实施规模足够大，肯定会产生高通胀，并可能最终导致恶性通胀，使得人们对货币失去信心。

然而，如果这些令人怀疑的合法性的非常规措施仅仅直接涉及央行的资产负债表（而非政府资产负债表），那么结果更有可能是利差交易体系获得新生。例如，以美国为例，美联储开始大规模购买股票，明确要在一定程度上支持股市。从理论上讲，这在正常时期应该就会通胀，如果它直接转化为美联储资产负债表的等值扩张，就可能导致通胀。但如果购买股票的资金至少部分来自美联储出售国债的收益，那么这会被描述为“沿着风险曲线延伸”。在这种情况下，美联储就是在以非常直接的方式卖出股票波动率。如果这种方法被证明是成功的，很可能意味着利差交易体系会以新的利差泡沫的形式继续扩张。

因此，人们认为最可能的情况是，利差交易体系最终被高通胀所终结，后者可以通过几种可能的途径来实现。因此，从宏观角度来看，利差交易体系即将结束的一个重要迹象将是通胀本身的出现，或者可能是当局采取的措施过于激进，以致极端高通胀成为必然。

从波动率的角度看，利差交易体系结束的迹象是什么

看起来我们距离终结目前的利差交易体系还有一段路要走，而且当它结束并在市场进入新的稳定状态之前，可能会有相当长一段时间的混乱。

从波动率的角度来看（如第9章和第10章所解释的那样），通胀反利差交易体系似乎不可避免地与波动率溢价从短期到长期的变化方向相关联，买入而不是卖出波动率将变得有利可图。这种过渡将有三个主要的可见部分。首先，远期隐含波动率曲线将形成一致的现货溢价。其次，价格将开始在所有时间跨度上表现出动量势头：每周或每月衡量的实际波动率将始终高于每日波动率。再次，偏度会逆转，对风险资产的看涨期权将变得比看跌期权更昂贵。最后，市场参与者终将相信这些情况是正常的。

这三种情况不太可能同时发生，甚至不太可能以可预测的、不可逆转的方式发生。更可能的是，这些情况将逐步发生，成为涉及严重市场混乱过程的一部分，因为认为“现在这些都是正常情况”的看法将需要很长时间才能出现。简言之，向反利差交易通胀体系的过渡不太可能一帆风顺，可能会带来创伤。波动率结构中最可怕、最决定性的转变将是波动率和波动率曲线的倒置。这样，长期波动率的波动率

将变得比短期波动率的波动率更大。如果后一种情况发生，那将意味着货币正在消亡。

从货币利差交易的角度来看，使其无利可图并变得危险的情况将是利差交易接受国货币（利率较高的货币）或主要融资货币的极端波动。潜在的汇率波动如此之大，以至于将低利率货币借款投到高利率货币资产从而获取收益率的提议似乎没什么吸引力。反过来，如果预计各国央行不会或可能无法进行干预以稳定货币，这种情况就会发生。在高通胀和不稳定的通胀环境下，持有货币的需求将不稳定，这种情况也更有可能发生。利差交易资金接受国的央行更要保护其外汇储备，因此将无法进行大规模外汇干预以捍卫其货币。美联储可能迫于政治压力而不救助其他国，无法通过流动性掉期提供援助。也许我们在2008年看到了这个世界的一丝曙光，当时韩国试图稳定其货币，但没有成功，直到美联储干预后才成功。

在第10章中有人提出，如果由于通胀导致持有货币的需求下降能够实现（至少部分通过其他金融资产的货币损失来实现），那么反利差交易体系就可能存在。例如实际上，人们可能会持有各种类型的货币基金、交易所交易基金（ETF）或其他被认为与货币一样好的金融工具。在面临又高又不稳定的通胀水平时，人们需要减持“货币”。但首先，他们可能会寻求减少这些“类货币”的持有量，在这个更加不稳定的经济环境下，他们现在可能认为这些“类货币”比“真货币”更不安全。这种对“类货币”的信心丧失可能起到稳定作用，这意味着，只要通胀没有完全失控，就会继续吸引一些真实货币需求，从而防止持有真实货币的需求完全崩溃，以及随之而来的恶性通胀。

从以上这一切可以得出结论，只有当“货币不稳定到货币属性发生变化”才能起到稳定作用时，利差或反利差交易体系才会完全结束。这可能是如下情形，此时央行已经丧失了所有控制力，经济中的价格水平基本上已经变得不稳定。同样，在这种情况下，其他新的货币形式已经开始出现。如果这些新形式的货币获得立足点越来越多，成为经济中事实上的货币，那么波动率曲线的反转可能会变得明显，至少对于以旧法定货币计价的期权合约来说是这样。但更有可能的是，那时金融市场已经围绕新货币计价的合约进行了重新标准化。

在所有这些讨论中，困难在于不知道哪一个应该首先出现：央行政策效力的丧失，金融市场的高波动率，还是通胀本身。一旦出现上述某种情况，那么可能会导致其他情况出现，造成通胀和货币状况之间相互作用的恶性循环。一个明智的观点认为在这种情况下，更严重的通胀和更高的金融波动率可能会一起出现。要想让市场崩盘成为利差体制彻底终结的开始，而不仅仅是利差崩盘之后紧随其后的是另一个利差泡沫，一个必要条件（但不是充分条件）是对于通胀的到来坚信不疑。如果这种情况没有发生（在2007 ~ 2009年就没有发生），那么市场崩盘更有可能是另一起利差崩盘和利差泡沫的前兆。另外，如果出现持续的通胀，它更有可能是利差交易体系完全结束的先兆。一旦高通胀根深蒂固，央行就会失去政策灵活性，最终可能会出现不依赖于央行的新货币。

另一个需要考虑的因素是，央行资产负债表本身就是一种巨大的利差交易。各国央行资产负债表的融资成本非常低，在金融危机之后的几年里，这在一定程度上给欧洲央行和BOJ带来了负面影响。但在量化宽松政策下，央行一直是各类债券的主要买家，包括政府债券、抵押贷款支持证券和公司债券（取决于央行）。因此，央行赚取的利差可能相当大，从而产生大量利润（通常转移给政府）。然而，与其他任何利差交易一样，没什么是免费的，央行进行利差交易也会面临损失的风险。具体来说，风险在于央行所收购债券的收益率会螺旋上升，从而价值不断下降。这在滞胀的环境下尤为可能，此时经济疲软，但通胀居高不下，而且还在上升。即使央行持有所有债券至到期，高通胀也会严重侵蚀货币的实际价值，而且如果通胀非常高，央行的融资成本最终可能会有所上升。

央行可以独自控制自己的融资成本，而且它们似乎不太可能允许自己的利差（即它们持有的资产收益率与它们设定的融资成本之间的利差）变成负值。如果螺旋式通胀给它们带来了资本损失，只要它们保持收益率曲线正向倾斜，即将政策利率保持在长期债券收益率的下方，它们就可以通过加倍购买更多收益率更高的债券等利差交易来抵消这些资本损失。但在这个过程中，保持收益率曲线正向倾斜似乎会加剧而不是阻止通胀螺旋上升。最终，他们将不得不在抑制通胀和维持自身偿付能力之间做出选择。

央行利差交易的崩溃，也可能包括与央行流动性掉期相关的利差交易，届时可能会导致央行资不抵债。事实上，这是相当有可能发生的。我们已经暗示，央行利差交易的盈利能力是利差交易体系存在的部分原因。如果利差交易体系破裂，这一定意味着央行庞大的利差交易会出现严重亏损。如果接受前面提出的观点，即可行的货币，或者至少是可行的货币基础，最终必须植根于对应经济实体资产的债权，否则央行破产可能意味着货币一文不值。

总而言之，所有这些都表明，在考虑利差交易体系的终结时，货币通胀是唯一需要考虑的最重要因素。只要通胀仍在控制之下，央行的利差交易就能保持完好，央行也具有政策灵活性。一旦通胀不再受控，那么不仅金融波动率增加，央行本身的偿债能力也可能受损。随着新货币出现，当前的货币和金融体系将开始崩溃。毋庸置疑的是，这会发生在危机和政治极端不稳定的环境中。

历史告诉我们要期待变化

这种认为利差交易体系的终结也将与我们当前货币体系的终结联系在一起的观点，乍一看似乎有些极端。然而，民主国家的货币体系最终是由政治决策创建的，政治决策反过来会反映（尽管并不完美）社会在经济运行方面的优先事项。FRB 是在 1907 年恐慌之后的几年里成立的，目的是为饱受反复出现的金融恐慌和挤兑困扰的国内银行体系带来稳定。同时，由于响应第一次世界大战的经济需要而做出的政治选择，使用黄金作为唯一全球货币本位的国际货币体系也发生了改变。国内银行体系和金本位制都不为社会服务，因此它们本身也发生了变化。

这个变革过程是连续的、有争议的，甚至最初是不成功的。联邦储备系统并没有终结银行挤兑，这需要更多的政治决策，特别是在1933年建立存款保险和有效的银行监管。国际体系也在继续调整，首先是试图重返金本位的失败，其次是以美元为中心的布雷顿森林体系，最后才是我们今天基本开放的全球资本流动体系。因此，货币安排的变化并不是史无前例的，而且这个过程中的政治性意味着，由此产生的体系最终会在某种程度上滞后反映社会的关键经济要点。

在过去的20年里，这些担忧一直是低通胀、金融市场稳定，以及在不牺牲前两个目标的情况下尽可能多地增长。为了实现这些目标，我们的货币体系已经改变，央行已经从政府的直接控制中解脱出来，多数央行现在都有具体的通胀目标。该体系还随着它们试图管理的金融市场的变化而进行有机演变。例如，量化宽松曾经是异端，但现在它被广泛接受。从这个角度来看，如果当前的货币体系未能实现其隐含的低通胀、市场稳定和经济增长目标，或者如果另一类目标（如改善财富不平等）变得至关重要，我们可以预期，当前的货币体系将发生变化。我们也可以强迫系统做出改变，因为它必须对市场本身的变化做出反应，比如利差交易体系的出现。

利差交易体系的出现对当前的体系提出了一个特定的生存挑战，因为它既产生了以利差交易崩溃的形式出现的不稳定，也产生了日益严重的不平等。我们在这本书中解释了这两者是如何密不可分地联系在一起的：利差崩溃后稳定市场的干预措施导致了新利差泡沫的出现，并强化了现有的财富失衡局面。这将美联储置于一个尴尬的境地，在我们看来，它终将无法战胜困境。美联储是出于阻止金融恐慌影响实体经济的愿望而诞生的，因此它必须在利差体系崩溃之后有所行动。然而，人们越来越多地认为这些行动让美联储站在精英阶层一边，加剧了不公平的经济后果。

托马斯·皮凯蒂（Thomas Piketty）在 2014 年出版的新书《21 世纪资本论》（*Capital in the Twenty-First Century*）通常被描述为一本令人惊讶的畅销书。“惊讶”一词体现在以下几个方面。首先，他书中的数据显示，随着时间的推移，资本主义自然会倾向于非常不平等的财富分配，这让人感到惊讶。更为公平的分配曾被认为是极为正常的，特别是在美国，但由于第二次世界大战对资本造成大规模破坏的影响，实际上这反而是一个例外。

其次，他的书引起了深刻和广泛的共鸣。显然，Piketty 描述的结果和过程引起了人们极大的广泛关注。改善财富和收入不平等现在被认为是一项重要的政治目标，并以各种形式出现在民主党总统候选人的竞选纲领中。我们预计这种趋势将在未来几年加速并得到强化。从这个角度来看不平等加剧是一个政治问题，而利差交易体系和当前的货币体系强化了这一点。历史告诉我们，我们必须期待变革。

我们已经失去了阻止利差交易的机会

我们在本书中强调，利差交易是一种自然发生的现象，本身并不完全是坏事。利差交易者赚取的回报，至少在一定程度上是向市场提供流动性和承担风险的补偿。这是资本主义天然的组成部分。但在过去的几十年里，对货币体系的管理帮助利差交易回报成为超常的回报，这对实体经济和社会造成了广泛的损害。各国央行必须反对这种趋势，而不是像它们可悲地曾经做过的那样来鼓励这种趋势。

现实地说，2007 ~ 2009 年是政府阻止利差交易的最后机会，通过允许利差交易者遭受灾难性损失，从而帮助清除一些我们在书中所讨论的利差交易对经济有害的结构性影响。这个机会已经失去了，而利差交易体系得到了进一步的加强。对美国和其他国家的后果包括金融社团主义、日益严重的不平等、不再让很大一部分人受益的经济，以及选民投票支持民族主义或民粹主义政党或运动等，这些正在变得日益明显。

其结果是，未来 20 年注定是动荡的。金融市场处于事态发展的中心，并能为更广泛的趋势提供重要线索，这些线索包括金融市场波动的方式，以及经济中是否存在通胀压力。在央行或其他政府对危机的反应中，通胀预警可能十分明显。

最终，历史的定论很可能是后布雷顿森林体系对法定货币的实验失败了。但已经出现的技术可能会为未来可行的货币体系打下基础。无论从当前货币体系的灰烬中最终出现的是什么，我们都希望它能更有效地抑制利差交易的崛起。

资本的游戏

书号	书名	定价	作者
978-7-111-62403-5	货币变局：洞悉国际强势货币交替	69.00	（美）巴里·艾肯格林
978-7-111-39155-5	这次不一样：八百年金融危机史（珍藏版）	59.90	（美）卡门 M. 莱茵哈特 肯尼斯 S. 罗格夫
978-7-111-62630-5	布雷顿森林货币战：美元如何统治世界（典藏版）	69.00	（美）本·斯泰尔
978-7-111-51779-5	金融危机简史：2000年来的投机、狂热与崩溃	49.00	（英）鲍勃·斯瓦卢普
978-7-111-53472-3	货币政治：汇率政策的政治经济学	49.00	（美）杰弗里 A. 弗里登
978-7-111-52984-2	货币放水的尽头：还有什么能拯救停滞的经济	39.00	（英）简世勋
978-7-111-57923-6	欧元危机：共同货币阴影下的欧洲	59.00	（美）约瑟夫 E.斯蒂格利茨
978-7-111-47393-0	巴塞尔之塔：揭秘国际清算银行主导的世界	69.00	（美）亚当·拉伯
978-7-111-53101-2	货币围城	59.00	（美）约翰·莫尔丁 乔纳森·泰珀
978-7-111-49837-7	日美金融战的真相	45.00	（日）久保田勇夫

投资与估值丛书

达摩达兰估值经典全书

新入股市必读

巴菲特20个投资案例复盘

真实案例解读企业估值

非上市企业估值

当代华尔街股票与公司估值方法

CFA考试必考科目之一

CFA考试必考科目之一

华尔街顶级投行的估值方法